服务设计导论
洞察与实践

[澳] 安迪·波莱恩（Andy Polaine）
[英] 本·瑞森（Ben Reason）　　　著
[挪威] 拉夫兰斯·勒维利（Lavrans Løvlie

周子衿　译

清華大學出版社
北京

内 容 简 介

本书可以作为服务设计的入门导引，共9章，首先"抛砖"，明确指出服务和产品的差异，从而引出服务设计的本质，阐述如何理解人以及人与人之间的关系，揭示如何将研究数据转换为洞察和行动。接下来，描述服务生态圈，探讨如何拟定服务提案和如何做服务体验原型。最后，从客观的角度阐述服务设计所面临的挑战。

书中的案例涉及以保险为代表的金融服务、医疗服务、以租车为代表的出行服务、以解决失业问题为代表的社会服务以及电力等公共基础设施服务。本书可以作为参考指南，为需要和提供服务设计的企事业单位与设计机构提供战略方向和落地方案。

北京市版权局著作权合同登记号　图字：01-2023-2822

Original English language edition published by ROSENFELD MEDIA LLC @ 2013 by Andy Polaine, Ben Reason & Lavrans Løvlie. Simplified Chinese Language edition copyright @ 2024 by Tsinghua University Press. Translation arranged by Waterside Productions, Inc. All rights reserved.

图书在版编目(CIP)数据

服务设计导论：洞察与实践 /（澳）安迪·波莱恩，（英）本·瑞森，（挪威）拉夫兰斯·勒维利著；周子衿译. —北京：清华大学出版社，2023.10
ISBN 978-7-302-64209-1

Ⅰ.①服… Ⅱ.①安… ②本… ③拉… ④周… Ⅲ.①商业服务－服务模式－研究 Ⅳ.①F719

中国国家版本馆CIP数据核字（2023）第134722号

责任编辑：文开琪
封面设计：李　坤
责任校对：周剑云
责任印制：杨　艳

出版发行：清华大学出版社
　　　　网　　　址：https://www.tup.com.cn，https://www.wqxuetang.com
　　　　地　　　址：北京清华大学学研大厦A座　　　　邮　　编：100084
　　　　社 总 机：010-83470000　　　　邮　　购：010-62786544
　　　　投稿与读者服务：010-62776969，c-service@tup.tsinghua.edu.cn
　　　　质量反馈：010-62772015，zhiliang@tup.tsinghua.edu.cn
印 装 者：北京博海升彩色印刷有限公司
经　　销：全国新华书店
开　　本：185mm×210mm　　印　　张：12.6　　字　　数：347千字
版　　次：2023年10月第1版　　　　　　印　　次：2023年10月第1次印刷
定　　价：99.00元

产品编号：101968-01

献给我的妻子卡琳和女儿阿莱姆塞海，
在写这本书的过程中，
我把太多本应该用来陪伴她们的时间花在了埋头写作上。

　　——安迪·波莱恩（*Andy Polaine*）

献给凯特、奥托和利波堤。
我爱你们。

　　——本·瑞森（*Ben Reason*）

献给我的妻子布里吉特以及我们的孩子拉尔斯和艾拉，
我的灵感所在。

　　——拉夫兰斯·勒维利（*Lavrans Løvlie*）

推荐序

如果您工作和生活在城里，可能会对正在悄然发生的剧变浑然不觉。然而，无法亲眼所见的，却并非不在真切地发生。城中心熙来攘往，餐馆中人满为患，临街商铺的橱窗流光溢彩。只是，如同电视画面中倏然而至的魅影，骨感的现实也在冲击着人们的认知——诺大的火车站冷冷清清，新落成的商场无人问津，衣着光鲜的人在施粥处排着队领救济餐。

这些微弱的信号表明，我们这个星球正在面临着极大的压力。造成压力极限的一个原因是能源总量有限。我们不妨算一算一个纽约人日常中的系统、服务以及网络和现代生活必备工具的消耗，现在每天大约需要 30 万千卡，相比前工业时代一个人维持基本生存所需的能耗，两者相差 60 倍，而且，这个差距还在进一步加大。

造成压力极限的另一个原因是追求增长的执念。2011 年年底，马里奥·蒙蒂在意大利参议院发表就职演说的时候，先后提到 28 次"增长"，对"能源"和"资源"却只字未提。这位所谓的技术官僚甚至对经济的生物和物理学基础视而不见，后者才是他出任总理的理由。显然，他可能觉得在就职演说中不适合面对这样的事实——汽车、飞机和物流；建筑和基础设施；供暖、制冷和照明；食物和水；医院和药品；信息系统及其基础设备，全部都依赖于廉价而密集的能源持续供给。能源的流动正在面临日益加剧的压力。

经济增长是否可以与能源增长脱钩并以别的方式实现无限扩张呢？为什么不考虑扶持一种服务密集型经济——比如高档、高品质的美容美发、互动叙事艺术和瑜伽课？说不定这会是一个皆大欢喜的解决方案——服务设计师拯救全世界！遗憾的是，我们不得不面对一个事实：货币的增加必然会使国家或者有些经济体对地球环境造成实质上的影响，迟早的事。因此，在能源供给固定的前提下，不可能实现 GDP 的无极限增长。

与其无望地坐等国家转向绿色能源（这也是不可能的），还不如主动行动，探索如何不依赖于工业时代习惯的能源来满足日常的生活需要。这是许多社群的选择。面对当下不可持续的日常生活支持系统——食物、住所、旅行、医疗，他们在积极创新，主动寻找更合适的替代方案。服务设计相关的专业知识，可以为这些创新提供支撑。

更注重环保的新经济正在徐徐拉开序幕，我们要共享资源，比如能源、物品、时间、技能、软件、空间或食物。我们要通过社交平台来实现共享，有时也会用到网络通信。当地的条件、商业模式、网络、技能和文化，仍然是成功实现共享的关键，当然，服务设计也是关键。

综上所述，这本书如同"及时雨"，出现得正是时候。我们希望这本书不只是对专业人士有非凡的价值，对想要赢得客户青睐的其他人也如此。服务设计强调协作，参与服务设计的人可以从本书后面介绍的技能和洞察中受益。

约翰·萨卡拉
《泡沫之中：复杂世界的设计》
2012 年于法国马赛

如何使用本书

本书由三个人合作完成：安迪·波莱恩（交互设计师、服务设计师、老师和作家）以及全球第一家服务设计公司丽果 Livework 的联合创始人拉夫兰斯·勒维利与本·瑞森。以前做交互和产品设计时，我们仨意识到一点：我们按要求完成的设计通常只是一个更大、更复杂的服务方案中的一部分。无论工作做得多好，只要整个服务链中的某一个环节出了差错，那么消费者体验到的都是整个服务链有问题。我们相信，服务设计提供了一种新的方式来思考这些问题，还提供了明确的工具和方法来帮助设计师、创新者、企业家、管理人员和行政人员，使其在这些方面能够有所作为。

到目前为止，只有少数几本书符合我们对服务设计的理解，其中一部分是学术论文集，另外一两本是方法综述。虽然它们各有千秋，但我们还是写了您手上拿着的这本书，因为我们想要萃取出服务设计的理念和思想，并将它与实际用于开展服务设计的方法联系起来。

本书基于我们多年来在服务设计方面的开发、执行、推广和教学经验。它也是一部奠基之作，因为我们殷切地希望服务设计实践会随着越来越多的人参与并从中得到持续发展。我们希望读者不只是照本宣科，而是在本书的基础上再接再厉，让世界减少一些纷扰，少消耗一些资源。

哪些人应该阅读本书

服务设计这样的活动，许多领域的人都在做，包括网页设计师、交互设计师、用户体验设计师、产品设计师、商业战略师、心理学家、民族志学家（人类学家）、信息架构师、平面设计师和项目经理。来自这些学科背景的读者都可以从本书中获益。

交互、用户体验和人本设计领域中的许多从业人员很熟悉本书提到的洞察收集方法以及一些体验原型设计方法。来自其他设计领域的人可能觉得服务设计的相关历史、蓝图设计、服务生态和定位以及量化等方面的内容比较新鲜。即便大家都知道这些知识，我们仍然认为"这些熟悉的元素如何融入服务设计"是一个很有启发性的话题。

来自不同公司和组织的设计总监、市场营销人员、变革推动者、管理人员以及董事可能觉得书中的案例研究和战略思考最吸引人，但我们必须强调一点："执行决定成败（the devil is in the execution）。"本书的其余部分阐述的是细节，这些细节与愿景一样重要。如果要委托设计师办事，那么理解服务设计师如何收集用于展示给利益相关者看的素材以及之后打算如何处理这些素材将非常重要。这种理解可以使大家达成共识，展开更有成效的合作。

最后，本书为负责服务设计课程的人员提供了一个不错的框架、一系列实用的工具和丰富的案例。本书既可以作为一个模块纳入其他课程，也可以用来制订一个完整的课程计划。我们相信，本书是理论与实践的宝贵结晶。实际上，两者本来就是密不可分的。

本书包含的内容

第 1 章"保险是服务，而不是产品"从一个完整的案例开始，以挪威最大的综合保险公司 Gjensidige 为例，概述服务设计的影响力如何从细枝末节发展到整个商业战略的层面。这一章大致介绍整个过程，为本书的其余部分提供具体的背景。

第 2 章 "服务设计的本质" 着眼于服务设计的发展史，发达国家从产品经济到服务经济的转变及其对设计和商业的影响。从设计"物品"到设计"服务"，期间所经历的思维模式转变大大超乎我们的想象。我们还要证明服务为什么离不开设计，并制定一个粗略的服务分类法。

第 3 章和第 4 章与"人"作为服务的核心息息相关。第 3 章"理解人以及人与人之间的关系"指出，服务设计师需要理解服务涉及的所有人之间的关系，并认识到存在哪些改进或创新的机会。第 4 章"将研究成果转化为洞察和行动"将提供一系列非常实用的工具和方法，用于把洞察与人们的日常生活结合起来，为设计提供参考。

第 5 章和第 6 章探讨服务设计及其具体方法。第 5 章"描述服务生态"展示如何定义和勾勒服务生态以及如何绘制服务蓝图，并解释它们为什么可以帮助设计师理解和描述服务的工作原理。第 6 章"确定服务主张"描述如何通过服务蓝图以跨多服务交付渠道的长期消费者或用户的视角来观察服务的复杂程度。

第 7 章"服务体验的原型设计"重点阐述服务体验原型设计时需要与办公室、工作室或实验室以外的人充分合作。与消费者或员工等服务利益相关者协作，能让设计师在不产生研发开销的情况下对设计进行改进。

服务原型需要一些标准来度量设计的成败，这是第 8 章"服务度量"的主题。我们将展示服务设计师如何引入度量指标，以使管理层能够掌控服务的表现，同时使服务代理商和团队了解自己如何在整个服务质量体系中发挥更好的作用。消费者的体验和利润并非不可兼得，我们可以做到两者兼顾。

第 9 章 "服务设计所面临的挑战"对服务设计的未来发展方向和机遇进行展望。这一章虽然更偏向于推断，不过我们会使用案例来彰显我们在服务设计领域看到的一些趋势。

本书附带的资源

本书的配套网站 rosenfeldmedia.com/books/service–design/ 提供与服务设计（特别是与本书相关）的资源。丽果的官网 www.livework.studio.com 和安迪的网站 www.polaine.com/playpen 可以找到更多信息。我们还根据知识共享许可协议开放了书中的图表、屏幕截图和其他插图，供大家下载和使用，网址为 www.flickr.com/photos/rosenfeldmedia/sets/。

常见问题解答

服务设计等同于客户体验、用户体验或交互设计吗？

不，虽然它们与服务设计关系密切，但并不一样。涉及客户的消费体验和用户体验的工作都属于服务设计的范畴。我们在书中经常使用"用户"一词而不是"客户"，这两个词有时可以相互替代，有时则不可以。因为在某些情况下，服务的使用者可能不是客户，又或者服务的使用者自己也是服务的提供者（如教师或护士），所以根据项目背景的不同，称呼也会有所变化，比如消费者、合作伙伴、客户及病患等。交互设计和用户体验设计通常被理解为人机交互设计，而服务设计所涵盖的范围要广得多。诚然，对于典型的数字化项目来说，交互设计和用户体验设计发挥着重要的作用，但对于产品设计、市场营销、平面设计、商业和变革管理而言，服务设计也同样重要。

第 2 章及第 5 章到第 7 章揭示了服务设计和它们的关键区别。

服务设计是"设计思维"吗？

理论上讲，服务设计的确属于商业战略这个层面，它将商业定位和具体交付过程关联在一起。服务设计倡导的理念是"与人共同设计"（designing with people），而不仅仅是"为人设计"（designing for people）详见第 3 章。这可能意味着服务设计会用到"共创"或"共同创造""共同生产"（co-production）这样的术语，或者使用牵涉组织内多方利益相关者（例如管理层和一线员工）的方法。我们认为，服务设计有别于设计思维，因为它还与设计过程及其实现密切相关。它还利用了设计师的能力来将抽象的想法可视化和具体化。

为什么这么多案例都来自丽果?

最明显的答案是,本和拉夫兰斯是丽果的联合创始人,对这些项目很了解。深层原因是,许多服务设计项目都与创新有关。尽管这些项目的成果以新服务或对现有服务的改进等形式出现在公众的视野中,但许多公司仍然希望其内部活动能够保密。从一方面来讲,这是一个好现象,表明服务设计为企业带来了真正的价值(参见第 8 章)。从另一方面来讲,这导致我们很难找到不受保密协议保护的案例,几乎也没有图片来说明幕后的、进行中的设计工作。

书中为什么没有提到某某方法?

第 4 章介绍了许多实用的方法,但出于篇幅的考虑,我们省略了几个适用于所有设计形式的方法,只是重点介绍服务设计专有的方法。

在哪里可以找到参考资料和资源?

我们在适当的地方为书中的主要参考资料提供了注解,但我们并不想把这本书变成一部学术著作。这并不意味着我们的论点不可靠或是没有经过缜密的研究。我们的私人图书馆里有数百篇论文和参考资料。如果有些地方没有注明出处或是出现了错误,请通过本书的配套网站 www.rosenfeldmedia.com/books/service-design/ 联系我们,我们会努力在网站上或在未来的版本中进行修正。

Service Design Network 网站(www.service-design-network.org)、杰夫·霍华德创办的 Service Design Books 网站(www.servicedesignbooks.org)和 Service

Design Research 网站（http://howardesign.com/exp/service/index.php）也很不错，有许多不错的服务设计资源。

有什么好办法可以用来说服管理层并让他们加大对服务设计的投入？

这个问题价值一百万美元。第 8 章探讨了用于量化服务设计投资回报的策略，以及在权衡的时候不仅要考虑利润，还要考虑经济、社会和环境这三重底线上的其他效益指标。

服务设计是不是无所不能？

服务设计博大精深，必然涵盖许多领域和学科，但正如第 9 章提到的那样，我们并不是无所不能的设计超人。唯有与具备相应学科项目的专家合作，设计师才能充分发挥服务设计的作用。

简明目录

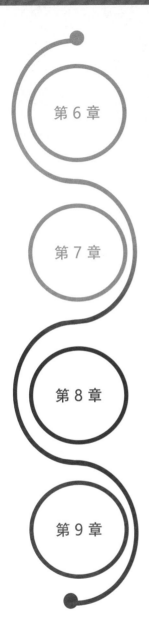

详细目录

第 1 章

保险是服务，而不是产品

很少有人认为，保险行业也能提供良好的客户体验。人们往往只有在最痛苦和脆弱的时候，才能判断自己选对了保险公司。等到发现自己选的保险公司很糟糕时，往往已经无能为力，只能任由合同上自己不曾仔细阅读或不理解的那些小字"摆布"，并最终可能花上好几个小时打电话或填写更多的表格。如果推出一个保险来避免受到保险公司的"虐待"，应该会很有市场。

对于许多保险公司和保险从业人员来说，他们终极的目标是在付出最少努力的前提下尽可能做得不那么糟糕，最终导致保险市场陷入竞次①的困境，仗着客户不了解那些复杂的条款而打价格战。结果，保险比价网站激增。

这个问题的部分原因在于保险的复杂性，它涉及多方利益相关者和多个渠道，并且是一种典型的被当作产品来销售的服务。复杂性、用户体验、利益相关者和交付渠道，再加上客户对这个固步自封的行业的不满，种种因素结合在一起，使得保险成为颠覆式服务设计创新的完美对象。

2009 年，挪威最大的综合保险公司 Gjensidige②（发音为 yen-see-dig-ah）厌倦了像竞争对手一样在这个乌烟瘴气的市场中竞争。作为一个拥有 150 多年历史的金融集团，虽然 Gjensidige 的市场地位相当稳固，但他们仍然有提高客户服务质量的诉求和决心。该公司的首席执行官海里格·莱罗·巴斯塔德决定，"客户导向"要成为公司的战略重心和主要竞争优势。

组织结构的问题是一个重大的挑战。Gjensidige 公司有产品开发到销售等一系列环节，这些环节分别配有专业的团队，然而，不同团队之间毫无交集。这种产业模式导致各个团队很难通力协作，共同为客户提供一致的体验。巴斯塔德希望从组织的核心启动变革，所以要求市场总监汉斯·哈内沃德和品牌总监金·维坎·巴斯暂离

---

① 译注：也称"逐底竞争"（race to the bottom），该词最早由美国法官路易斯·布兰迪斯提出，意为把价格打到底线，比的不是谁更优，谁投入更多科技和谁的设备更多，而是比只用成本打到对手可以承受的底线，使对手退出市场。与之对应的是"竞优"。

② 译注：英国 Brand Finance 发布的"2023 全球保险品牌价值 100 强"中，该公司位列 96。

现在的岗位，转而花两年的时间在整个公司的范围内实施一项变革，名为"极致客户导向"。哈内沃德和巴斯在公司工作多年，深受同事们的爱戴，并且深知如何调动员工的积极性。

哈内沃德和巴斯的首要任务是在公司各个业务部门物色变革推动者。他们的基本原则是，客户导向应该由内而外地发展，而不是由外部顾问推动，而且，这些活动应该由业务部门自己出资。为了对这些活动提供支持，他们制定了一个面向全公司的培训计划，确定 183 项改善客户体验的具体行动。对于其中的一些项目，业务部门需要在专业知识的帮助下才能实现目标，所以他们雇了服务设计师来帮助设计更好的服务体验。

就这样，Gjensidige 公司拥抱了服务设计，将原本没有交集的各个部门连接到一起，使服务能够进一步彰显"以客户为导向"这一核心理念。服务设计方法帮助他们建立了一个更为全面的认识，让他们理解了真正为客户提供什么价值以及如何整合体验。

作为变革计划的准备工作，Gjensidige 聘请了服务设计师来评判他们心目中较为理想的保险服务。最初的任务非常广泛，Gjensidige 想要找出人们的行为、动机及其与保险之间的关系。但最为重要的是，Gjensidige 不仅需要了解客户的心态，还需要了解自己员工的心态。

精算师——设计出复杂保险"产品"的数学和金融专家——隶属于产品部门。这正是公司内部文化需要转变的一个提示。公司卖的其实是服务。保险并非实物，所以客户对保险的体验取决于保险公司为他们提供的服务。在购买实物产品时，客户可以直接检查产品的质量、缺陷或损伤来判断产品的优劣。但这对服务来说很难做到，尤其是像保险这种本质上基于未来事件发生的概率而制订的合约。许多人在购买保险时并不了解自己买的是什么，只有在真正遭遇不幸之后，才意识到保险不像看上去那么简单，事到临头时往往已经来不及推敲保险合同中的细节了。

1.1　消费者洞察

Gjensidige 这个变革项目采用的是典型的服务设计方法，包括洞察研究、研讨会、服务蓝图、服务主张、概念草图和演示、体验原型、测试和交付。虽然客户样本较少，但研究非常有深度。设计团队采访了 Gjensidige 客服中心和办公室的 3 名员工以及 6 位客户，以了解服务的交付方和接收方。对于习惯于处理较大数据样本的人来说，听起来 9 个人可能太少了，不过，Gjensidige 已经拥有海量的量化信息。尽管如此，这些信息却无法被用于创新项目所需要的定性研究。量化方法适合用来建立新的认知和了解某一领域，但在将认知转化为行动的时候，就派不上用场了。定性研究可以完美地填补这方面的空白。

对参与者进行研究是从 5 个领域展开的：综合保险、社会层面、选项、联系和员工所使用的工具。Gjensidige 和服务设计团队发现人们在一些重要的地方往往言行不一致。下面将对设计团队取得的一些洞察进行说明，其中包含许多问题和需求，大家可以从中看出这种研究是如何勾勒出解决方案雏形的。

1.1.1　信任

保险是建立在信任基础上的。[1] 在客户支付保费时，相信是物有所值的，而且他们能在需要时找到保险公司。但信任关系非常脆弱，需要花时间来建立，但能够轻易被破坏。信件寄错地址、账单错误、沟通障碍、客户被迫多次重复细节，交付过程中所有这些小的差错都会破坏人们对保险公司的信任。客户担心自己注意不到的地方还存在着类似的问题。因此，解决这些小的问题可以显著提升客户的信任感。

---

[1]　译注：Gjensidige 在丹麦投放过两个广告来说明信任是双向的。在向该公司报案和申请理赔时，客户不必扭曲事实，比如，如果自己的车被剐了，不必顺带说自己还剐伤了别人的车；比如，如果自家的锁被撬了，不必顺带拿起锤子把门上的玻璃给砸了。作为保险公司，应当先信任客户。

1.1.2　比较和购买准则

人们声称自己购买保险时是根据质量来做决定的，实际上这很难做到。对不同保险政策中隐含的细节进行比较并做出理智的选择是非常困难的。人们觉得保险不透明，尤其是在质量方面，因此直接比价更简单，因为钱是一个直观可比的变量。这意味着设计师不能盲目地相信客户所说的话，而是要巧妙地处理价格和质量的问题。

当然，质量在市场中也有一席之地，但随着比价网站的兴起，客户常常会忽视保险质量方面的问题，只关心价格。在客户心目中，质量意味着"我是否在保障范围内？如果我的车送修了，保险公司会给我提供租车代步服务吗？我所认为的保障范围是否与实际上的相匹配？"

对于大多数其他服务和产品，客户很容易辨别高端版和平价版之间的差异，但对于保险则不然。客户真正关心的是质量背后的定义，也就是高端产品和平价产品之间的区别。其他许多的问题就随之而来了，比如实际的保障范围以及自付费用等，很快就变得复杂起来。

和其他许多服务的设计一样，难点在于使原本不可见的东西显现出来或是只彰显恰当的内容，然后消除干扰因素。因此，在 Gjensidige 的变革项目中，最大的挑战是如何制定一个使价格不再是关键决定因素的服务主张。

1.1.3　期望

人们期望意外发生时不仅能得到保险公司的赔偿金，还能得到他们的帮助。这个问题也与质量有关。购买廉价保险产品的客户可以拿到赔偿金，但得不到什么帮助，而 Gjensidigeh 有一个非常完善的系统，会在意外发生时向客户伸出援手。例如，一旦客户的汽车受损，就只需把车送去评估，然后由 Gjensidige 提供租赁车辆服务并处理其他事宜。这一点需要明确体现在服务主张中。

1.1.4 员工福利和公共福利

虽然 Gjensidige 相信自己已经为人们提供了可能会用到的各种保险，但在挪威，许多人的雇主或工会也会为他们缴纳保险。人们很难判断自己的需求是否有保障，因为他们无法集中于一处清楚地浏览所有信息。对这方面的服务进行设计，难点在于如何以一种透明且值得信赖的方式为客户实现这一目标。

1.1.5 社会和文化的影响

许多无形的社会触点会对整个服务体验造成影响。例如，警察可能会在有意无意中给出保险方面的建议，说："哦，您的手机被偷了？别费心去联系保险公司了，没用的。"实际上，客户如果联系 Gjensidige 的话，会收到一部新手机，但人们倾向于相信警察对这类问题给出的观点和建议。

研究人员发现，许多与保险业毫不相干的人都在提供保险方面的建议。例如，人们经常认为朋友和家人所提供的保险建议是最值得信赖的。人们更愿意相信自己的父亲对保险给出的建议，而不是保险代理人。这里的"代理人"指的是 Gjensidige 的代表，因为挪威几乎没有保险中介的市场。

因此，对这方面的服务进行设计时，难点在于如何利用这些无形的触点。保险的历史可以追溯到很早以前，当时，同一个小型社区中的居民会集体出资来应对意外（比如某人的谷仓被烧毁）。这不禁让人想要使保险重新具备当年那种社会性，因为现在的保险已经从"共渡难关"演变成不受客户信任的冰冷的机器。

1.1.6 选择

从保险专家的角度来看，选择越多，保障范围就越精准。比如一个保险只覆盖特定物品（比如一辆新自行车），而不覆盖其他物品（比如一台旧电脑），使客户拥有符合其需求的保险。

另一方面，简单性对客户而言是不可或缺的。洞察研究所发现的一个矛盾是，客户想要的产品其实非常简单，但他们又希望"感觉到"自己是从一系列复杂的产品中选择了自己想要的。这里的根本需求是，客户想要的不是多得让人晕头转向的选项，而是"自己做决定"的体验。

1.1.7 文件

至于阅读保险文件，受访者纷纷反映："我就是读不下去。"这又回到了信任问题上。一方面，客户不看保险条款的细则，这意味着他们盲目地相信保险公司是正确的。但另一方面，客户并不信任保险公司，因为他们不了解保险条款的细则。

各类保险文件的篇幅长到足以绕地球一圈，这也是客户读不下去的主要原因。客户抱怨道："就不能只有一份文件吗？只有一页的话，就更好了。"但客户实际上需要的是一种容易理解的"如果……那么"结构来解释如果发生了 XX 情况，那么客户将从保险公司那里获得 XX。

客户也不知道如何保管自己的保险文件。他们知道这些文件很重要，有的人还宣称自己把文件安全地存放起来了，但当研究人员要求查看这些文件时，却发现它们已经被弄得乱七八糟。受访者表示："是的，文件都放在这儿呢！"结果，研究人员找到的却是两年前的保险合同，而最新的合同还不知道藏在哪个纸堆里。由此可见，客户对自己保险的内容一无所知，甚至不知道自己在为什么而付费。

人们之所以难以理解文件内容，另一个原因是，其中的大部分内容是由律师用"法律语言"撰写的。随着时间的推移，文件变得越来越长，却没有人认真考虑过哪些内容已经不再需要了。为了解决这个问题，Gjensidige 公司将保险合同的篇幅缩短了 50% 至 60%。而他们所做的仅仅是删去冗余的部分，并在保持合法的前提下尽可能使文字通俗易懂。这一改进显著地提升了客户体验，还顺带降低了印刷成本。

1.2 企业洞察

至于企业而言，又有哪些洞察呢？

1.2.1 填补公共福利的空白

在挪威，人们认为，一旦发生意外，国家会向自己提供保障，但不知道究竟哪些事情会得到保障以及应该自行准备哪方面的保障。客户需要这些信息，他们需要有人为自己提供恰当的建议，而不是那些不关注客户需求，只在乎销售额的销售人员。

在许多组织中，根本问题出在销售配额的硬指标和组织结构。它们使得客户服务代表很难得体地对待客户。为了从外部获益，Gjensidigen 需要改变内部的绩效评估方式，而这意味着内部文化需要改变。实现这一改变后，每个人的主要考核标准变成了客户满意度。与客户有关的员工每天都会收到各自的客户满意度报告。收集这些数据的方式是通过电话或在现场与客户接触后向客户发送电子邮件，询问他们是否愿意对自己的体验进行评价。这种反馈与其他指标相结合，构成一个全面的客户体验度量系统。

1.2.2 个性化

在涉及客户关系时，人们能轻易看穿"定制"背后的真相。人类对人际互动相当熟悉，以至于类似"个性化"邮件模板这样的沟通只会弄巧成拙。更糟糕的是，这类虚假的个性化沟通很容易出现一些低级错误，比如使用过时的数据或有错别字，导致个性化的人寿保险信函被寄给已逝的亲属，或是称呼"琼斯先生"为"亲爱的琼斯女士"。个性化的类型只有一种，那就是真正做到量身打造。当然，为了实现这一点，组织文化必须鼓励个性化，并让员工体验到工作的乐趣。脾气暴躁、压力大的人在与客户沟通时也会表现得很不耐烦。

1.2.3　一致的沟通渠道

受访者希望 Gjensidige 使用的渠道与他们保持一致，也就是说，如果他们打电话，他们也希望公司回电话，而不是发送电子邮件或信件。如果他们发送电子邮件，他们希望得到电子邮件的回复。Gjensidige 做出了保持所有渠道畅通的战略决策，虽然这么做的成本比较高（因为管理起来比较复杂），但公司认为这是值得的，因为它创造了更好的服务体验。

1.2.4　语言

外行人（客户）确实不懂保险业的行话。举个例子，很多人认为"保费"实际上是一种奖金。如此一来，Gjensidige 公司需要注意的是，在所有的沟通渠道中，在他们看来很明确清晰的保险语言对他们的客户来说也需要一样的明确。

1.2.5　个人工作流程标准化

当研究人员来到 Gjensidige 的办公室采访员工时，他们在销售人员的桌子和电脑上看到了很多便签（图 1.1），许多人都有自己独有的一套日常工作流程，以便更高效地与客户打交道。由此得到的洞察是，可以采纳基层创建的一些流程，并将其作为标准做法整合到 Gjensidige 的系统中。

图 1.1
销售人员建立了自己的日常工作流程，以使工作流程更加高效

重新设计的流程高度基于对客户和员工的洞察，为了不浪费这段等待企业软件开发完成的时间，它最初作为书面形式的例行程序得到了实施（图 1.2）。后来，这些新的规程纳入了 Gjensidige 新的 CRM 系统中（图 1.3）。

THE INITIAL CONVERSATION made within … hours from when the claim is received

Introduction | Understanding | During the conversation | Completion

Introduction

- Introduce yourself and make sure you are speaking to the right person.

Understanding

- Ask the customer how he or she is doing.
- Explain the purpose of the conversation, and get clear on what has happened.

During the conversation

- Explain to the customer what we know about the case.
- Ask the customer to describe what has happened in their own words.
- Describe the process ahead, and explain the next step.
- Make the customer aware of how he or she can help speed up the process.
- Manage expectations of compensation and refusal by talking about typical claims cases.
- Inform the customer about legal rights, both in relation to Gjensidige and the state.

Completion

- Update the customer's contact details (address, phone number, e-mail and account number).
- Ask if the customer has any remaining questions, or if there is anything else you can help with.
- Make a summary of what has been agreed, and make an appointment for the next contact.

图 1.2
书面形式的规程是销售人员的过渡方案

图 1.3
CRM 系统中添加了新的规程，用于添加客户专用注释的区域（位于左边）起到了便签的作用

1.2.6　简化 IT 基础设施

客户的所有详细资料都被输入到 Gjensidige 的 S2000 主机系统中，该系统可以通过精算表中的数字和风险分析生成保险报告。管理层声称，这是挪威保险业最出色的系统。S2000 的灵活度非常高，也就是说，Gjensidige 的销售人员能够操作的参数比竞争对手多得多，但销售人员看不出这种灵活性有什么优势。它太不明显了，而且在与客户的交流中，销售人员意识到自己并不需要这样的灵活性。

即使是如此灵活的系统，也面临着其复杂性所带来的麻烦。例如，客户无法把房子和汽车捆绑到同一个保险产品中，因为很难为客户创造一致性的体验。

1.3 将洞察付诸实践

阻碍保险产品创新的一个因素是时间上的延迟。公司只有在看到理赔金额后才能判断产品创新是否能为他们带来利润，而这可能要花上几年的时间。因此，保险业一直都对创新秉持保守的态度。服务设计团队收集的客户洞察增强了公司对服务创新的信心。

团队利用洞察研究的资料与公司内部的各个团体举办了联合设计研讨会。会上产生了 97 个想法，从中选出 5 个来进一步完善。最后，团队提出一个新的服务主张。

Gjensidige 公司提供各种人保产品，小到个人，大到家庭。从保险的角度来看，这意味着他们有一系列针对不同场景的定制产品。然而从客户的角度来看，这意味着他们很难选择适合自己购买的人寿保险，是赌自己会死于癌症，还是死于车祸? 但考虑到开支，也不可能买下所有保险来获得全方位无死角的保障。客户在选择购买财产保险时也面临着同样的困境，是该给宠物狗投保，还是给笔记本电脑投保?

Gjensidige 的突破性理念是，将 50 种产品缩减为两种: 一种覆盖个人及其家庭，另一种则覆盖客户的所有财产。从保险的角度来看，这简直是异想天开，但这个例子证明了组织内部专业知识的价值。基本的构想由参与一系列设计研讨会的冈纳·科万提出，他是 Gjensidige 内部一名经验丰富的精算师。他提出，可以用一种截然不同的方式来思考公司的业务。构思这个想法花了他 5 年时间，但一直得不到其他人的理解。虽然他无法从客户体验的角度来表达自己的观点，但他知道可以用不同的方式来建立金融模型。设计团队与他一起梳理如何将这样的服务组合在一起，这需要通过后台运行的庞大电子表格中的硬核数学工程来实现。

服务的原型设计经验

设计团队的 Excel 专家安德斯·凯瑟斯·瓦尔德斯内斯用 Excel 建立了一个产品原型，其中有处理精算表和实时信息可视化所需要的所有工具。安德斯没有选择花上一两

个星期的时间来设计和编码一个带有后端数据库功能的网站原型，而是在两天时间
内完成了一个简化版原型，并把它设计成网站的样子，以供用户进行测试（图1.4）。

图 1.4
用 Excel 建立的保
险网站的体验原
型，用户测试时可
以使用真实数据

有了这个原型后，Gjensidige 就能开始测试体验原型了，测试的场景包括客户咨询
和购买保险时、销售人员销售保险时以及有人提出理赔要求时。他们测试了在线下
购买保险时客户和销售人员各自的情况。他们还测试了电话购买保险的过程，并分
别在电话的两端观察这一过程。为了测试索赔流程，他们找到刚刚出了事故的人一
起把保险文件过了一遍。参与测试的都是真实的员工和客户，尽管他们知道自己是
在参与测试，但他们所说的话都是出自本心的。通过测试，项目组对拟定、解释和
宣讲新的服务主张有了更多的理解。

通过原型可以看出，新的方法改变了交流的方式，使其从原先的购买产品变成了购买服务。这意味着客户不仅会考虑自己每个月能支付多少钱，还会考虑自己的收入、应急储蓄账户中的资金以及在意外发生时需要什么。他们能够看到自己对自付和赔付水平的决定对保费造成的影响，而且，双方的对话更加开放，由客户来主导。

一系列的触点被设计成原型——单页合同、宣传册、模拟在金融报纸和小报上刊登广告（图 1.5）以及客户最后收到的账单——以便对服务体验进行全面的测试。

图 1.5
模拟在金融报刊上发广告，以帮助团队了解服务的营销在不同场景下的感觉

单页合同的原型（图 1.6）很好地证明了人们是心口不一的。许多受访者都表示，自己不看篇幅太长的合同，不了解其中的内容，因而对保险公司缺乏信任。他们表示，合同如果只有一页的话会更友好。然而，项目组在原型设计的过程中发现，客户也不信任只有一页的合同，他们担心这种合同隐瞒了太多重要的细节，毕竟以往的合同大约有 40 页。Gjensidige 最终选择将保险合同的篇幅控制在 5 到 10 页左右。

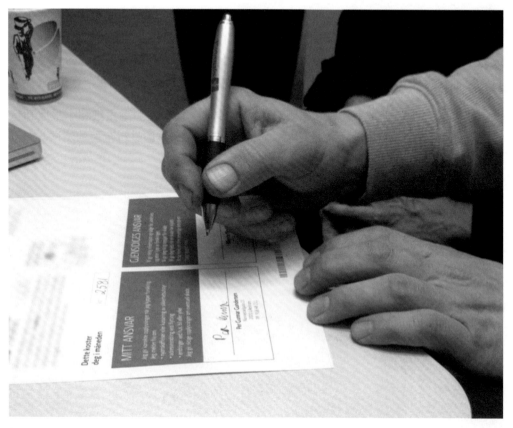

图 1.6
单页合同的原型。许多受访者声称自己更喜欢这种合同，然而事实证明，他们并不信任它

项目组还制作了理赔流程确认文件的原型。以往，客户只会收到一封信，上面简单地写着一行字"我们已经收到您的索赔申请"，至于公司内部的具体理赔流程，客户则一无所知。重新设计后的确认文件向客户展示了整个过程是如何逐步展开的，这也有助于管理客户的期望（图1.7）。如此一来，客户就知道什么时候该耐心等待、什么时候该顺其自然以及什么时候该跟进。

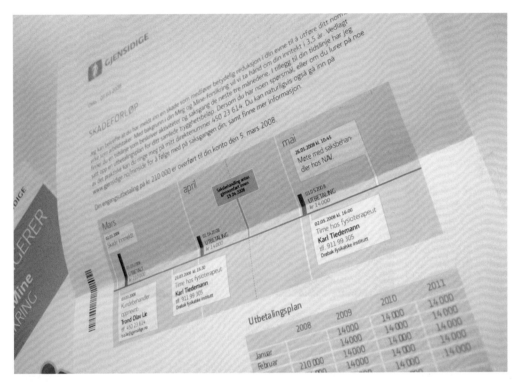

图 1.7
重新设计的理赔确认文件原型。文件按照时间顺序对理赔过程进行了说明，有助于管理客户的期望

最后，团队设计了保险提案的原型，在销售人员和客户会面或电话沟通后通过邮件进行发送（图1.8）。洞察研究表明，这是最关键的失败触点之一，并且公司没有意识到改善它会带来多么重大的影响。在过去，客户和销售人员一起讨论复杂的保险条款，回到家里想要向家人说明时，往往已经遗忘了许多细节，无法把保险条款解释明白。而这正是一点客户无法做出决定的主要原因。重新设计这个触点能帮助人们回到家后做出决定，如此一来，公司就不会再因为这个潜在问题而流失客户了。这是一个很典型的例子，说明了服务如何通过人际互动来创造和体验，而这种互动在常规的"客户 – 供应商"模式下完全不可能发生。

图 1.8

邮寄版保单草案的原型。对于客户而言，它是一个重要的触点，起到了供客户讨论并做出决定的关键作用。图中的原型显示了签署合同前可以由客户来修改的草案

1.4 结束只是开端

从客户、员工和管理层等所有利益相关者那里获得真实的洞察，仅仅是一个开始。将这些洞察转化为清晰的服务主张，并为关键触点设计体验原型，也是重中之重。不仅可以通过这个过程获得对触点本身的实体设计的反馈，还可以获得对整个服务主张和体验的反馈。对服务设计师和 Gjensidige 来说，了解市场怎样看待如此颠覆性的改变是至关重要的。原型用来测试未知因素，例如，这是一个低端产品还是高端产品？模拟在两种类型的报纸上刊登广告有助于揭示服务营销在不同场景下的体验。

推广服务通常很复杂且成本高昂。在这种情况下，公司业务这种颠覆性的改变不仅对 Gjensidige 公司本身来说很激进，对整个行业来说也如此。同样显而易见的是，他们需要花费大量的时间来向现有的忠实客户介绍并解释这个概念。事实上，对于

Gjensidige 以及整个保险行业的运作方式，只提供两种类型的保险确实太过激进了。这样的结局虽然可能让人有些失望，但我们可以从中了解到创新的关键。

对激进的想法加以考虑并进行原型设计，使公司内部的文化观念更加成熟了，Gjensidige 公司吸纳了其中的许多洞察，成为一个完全以服务为导向的公司。"极致客户导向（ECO）"团队担任推动者的角色，推动了客户体验的提升以及为此而需要的内部变革。一个名为"Gjensidige 体验"的以客户为导向的公司架构就这样得到了实施。管理层深知，这将是未来的一个关键竞争优势，建立在他们"深入了解客户并对客户体贴入微"的愿景之上。

Gjensidige 为简化其保险合同做出了非凡的努力。他们更加清楚地解释了索赔流程并开发了网页版的理赔定位工具。以不同方式决定的定价已经整合到他们的在线计算器中。虽然大的理念没有得到完整实现，但其中的许多小元素现在已经被纳入公司流程。这个大的理念把许多小的、零散的创新集中起来，如果没有它，这些创新可能永远不会问世。它还向那些可能阻碍新的组织传统发起了挑战。

最后，根据大的理念来制定的详细计划使组织对问题和机会有了一个全面的了解，这有助于他们在几个关键点上做出战略决策：何时处理哪些问题；这些决策与业务的其他部分有着怎样的关系以及如何根据预算和资源来调整服务创新的规模。

Gjensidige 的 183 项活动实现了数目众多的改进，其中一些是小型改进，另一些则需要好几年才能完成。利润固然重要，但并不是唯一的重点。从通过消除故障来保证计算机系统的质量，到简化产品和语言，再到关注服务体验和内部资金，以及关注品牌建设、培训和各项度量标准，整个改革过程都离不开高级管理层的支持。

举例来说，包括 CEO 在内的 130 名 Gjensidige 管理人员，给 1 000 名客户打电话，以此来积累自己的洞察（图 1.9）。他们很享受这个过程，因为他们意识到自己竟然很多年没有和客户交谈过，而正是这些互动在最开始时激发了他们对业务的兴趣。管理人员们非常熟悉关于客户满意度的统计数据，也清楚哪些问题需要解决。但是，

图 1.9

Gjensidige 公司的 CEO 海里格·莱罗·巴斯塔德和 130 名管理人员花了一整天的时间给 1 000 名客户随机打电话，听取他们对公司的真实看法（图片由 Gjensidige 公司提供）

亲自听到客户诉说自己如何喜欢 Gjensidige，并在客户谈到亟待改进的事情时直接感受到他们的情绪，是一种截然不同的体验。这项活动有着十分关键的象征意义。CEO 坐下来与客户交流，探索客户的想法，这种行为向组织中其他部门乃至整个行业发出了一个重要的信号。

这种涉及整个公司的变革能取得怎样的成果，还需要时间来验证。在项目启动两年半后，Gjensidige 公司在挪威的全国客户满意度指数中的排名急剧提升（从 77 名上升到 11 名），并赢得了两个最重要的客户满意度奖项。他们的财务业绩持续超出市场预期，并证明他们提供的服务比欧美的同行更有效益。不过，巴斯塔德表示，不应该孤立地看待客户导向的商业案例。在发展一个高效的现代化保险公司并为员工、股东和客户带来真正价值的伟大旅程中，这是一条必经之路。

第 2 章

服务设计的本质

和大多数现代设计学科一样，服务设计可以追溯到传统的工业设计，发端于 20 世纪 20 年代，由美国第一代四大工业设计师代表定义，其中包括雷蒙德·洛维[①]、沃尔特·多尔文·提格[②]、诺曼·贝尔·格迪斯[③]和亨利·德雷福斯[④]。在欧洲，包豪斯是工业设计的起源之地。

这些设计师的共同点是利用新的工业技术来提高人们的生活水平。在第一次世界大战期间以及战后，人们对战争所造成的破坏感到惊骇不已。在欧洲和美国，人们也迫切需要恢复并提高物质生活水平。

在思想层面上，第一代工业设计师希望工业化能够成为一种有益的力量。他们致力于研究如何利用工业技术来满足人们当时的基本需求。他们探索着如何以更高效的方式生产产品、如何使产品对人们更有用以及如何使产品促进人们对未来的向往。他们制造了设计精良的家具，这些家具价格低廉，中产阶级完全有能力购买，使他们的家居更加现代化。大型家电使女性从一些繁琐的家务劳动中获得解放，能够外出工作，不再囿于家庭。汽车和火车则显著拓宽了人们工作和娱乐的出行范围。

20 世纪，设计行业为提高发达国家的生活水平做出了巨大的贡献。但如今，生活水平已经达到了自然平衡。物质财富已然饱和，我们对产品的消耗正威胁着整个人类的生存，而不再是用于提高生活质量的资源。

在思想层面上，人类的基本需求也发生了变化。如今，发达国家面临的巨大挑战是

---

① 译注：Raymond Loewy（1893—1986），美国工业设计之父，20 世纪最著名的工业设计师，设计行业的先驱，率先实现流线造型与欧洲现代主义的融合，奉行"流线、简单化"的理念，秉持个人独创的 MAYA（Most Advanced Yet Acceptable）设计哲学。

② 译注：Walter Dorwin Teague（1883—1960），美国工业设计师协会发起人兼首任主席。在《当今设计》一书中，他阐述了自己对工业设计行业的看法。他的代表作作品有蓝鸟收音机、斯巴顿收音机和子弹相机等。他的设计生涯与柯达公司密切相关。

③ Norman Bel Geddes（1893—1958），美国工业设计的先驱，代表作《地平线》全面阐述适合未来主义的艺术思想和美学原则，为设计发展和创造性想象力提供了一个重要的参考基础。

④ 译注：Henry Dreyfuss（1904—1972），人机工程学的奠基者和创始人。最初主要从事舞台设计工作。1929 年，他成立了自己的工业设计事务所，他的设计生涯与贝尔电话公司密切相关。

让人们保持身体健康、减少能源和资源消耗以及开发更轻便的交通解决方案和更柔性的金融系统。

20 世纪 20 年代，工业设计师主要考虑的是使当时的技术人性化，满足当时那一代人的基本物质需求。服务设计是在由专业互联网思维培养的数字原生代中发展起来的。我们的重心已经从高效生产转移精益消费，价值取向也从基本需求转向了生活品质。

2.1　服务为什么需要设计

作为设计师，如果能够根据对服务对象的真实洞察来建立服务，就确定能创造真正的价值。如果巧妙地利用互联网技术和人际网络，我们就可以简化复杂的服务并使其充分服务于客户。

在设计方案中，留出一定的弹性空间使服务更好地适应变化和延长使用期限。如果将设计一致应用到服务的方方面面，那么用户体验将是令人满意的。如果以恰当的方式度量服务表现，我们就可以证明服务设计会使人力、资本和自然资源得到更有效的利用。

研究人们是如何体验服务的、确定交付过程中哪些部分是割裂的并将它们完美地结合在一起，看似都是很简单的事情。但实际上，即使是全球最顶尖的组织，也很难设计出良好的服务体验。

为了解释企业为什么难以设计出优良的服务，我们需要先研究服务的本质及其交付方式。

2.2　服务与产品的区别

把关注点从设计产品转移到设计服务时，我们所发现的挑战是，服务与产品迥然不同。如果用设计产品的思维方式来设计服务，就会得到对客户不友好的结果，而无法实现客户友好的目标。

产品是相对独立的，因此，制造、市场和销售产品的公司往往会被划分成若干个专职部门，这些部门由一个垂直指挥系统管理。也就是说，不同的部门各自在不同的筒仓（或称"竖井"）中运作（图 2.1）。

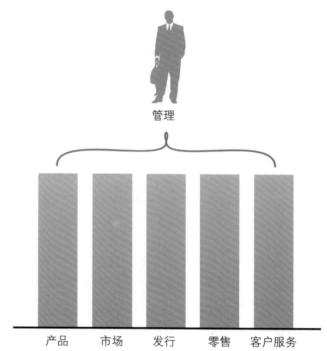

图 2.1
在这幅图中，客户在哪里？在筒仓中工作的员工倾向于关注价值链中自己这个环节的效能，而不是整个客户体验的品质如何

管理

产品　市场　发行　零售　客户服务

案例：英国移动运营商 Orange

在成立服务设计咨询公司后，才两天时间，就接到英国移动运营商 Orange 高管的电话委托我们做一个项目，我们早先在互联网咨询公司工作时就一直想做这种项目。她们的诉求是我们能否帮助她们将服务体验作为开发新服务的战略要素。

当时，Orange 在英国市场上已经取得了巨大的成功，因为他们一心致力于使移动电话音质更清晰、使用简单并对客户有吸引力。然而，他们认识到自己缺少一些工具和流程，因而很难使用客户体验来驱动开发新的服务。他们的品牌没有与推出的服务关联起来。而官网只是一个销售渠道，并没有帮助现有客户通过自己的账户获得更多的价值。创新则由技术驱动，而不是以客户为导向的。

事实上，Orange 的组织结构类似于上个世纪的工厂，而不是一个现代化的、具有市场竞争力的服务提供商。公司内的专业人士被安置在不同的筒仓里，唯有客户能看到业务的全貌。

为了应对这个挑战，Orange 需要引入一种设计方法来打通各个筒仓和渠道。他们的战略思维中还需要更优先地考虑服务体验，以便服务体验的愿景能够影响技术和商业决策，而不是根据技术和商业决策来设定服务体验的愿景。从业务层面来思考服务体验时，有一个问题是人们很难想象无形的东西（比如新的移动电话套餐）会是什么样子。对于用户体验传达，电子表格无疑是个糟糕的载体。

为了解决这个问题，我们创建了一个项目，名为"来自未来的有形证据"，设计了12 个新的服务主张，从客服中心的新的组织方式到自助服务和上网计划，其中的几个概念投放到市场，包括将 Orange 的门店从售卖其他品牌的手机改为帮助人们使用移动服务。另一个进入市场的服务主张是为那些希望获得独特体验以及特别服务的人提供 Orange Premier 高端移动电话套餐（图 2.2）。

图 2.2
在我们向 Orange 公司展示客户可以怎样体验豪华版账户后，他们决定推出一个重点关注设计质量和客户服务的服务主张

Orange Premier 在市场上取得了成功，并为 Orange 开创了将设计作为业务开发起点的先河。在过去的 10 年间，我们一直与 Orange 合作，从方方面面改善他们的服务体验，包括从制定创新战略到解决客服中心的问题等各种项目。

我们与 Orange 合作的第一个项目证实了我们的观点：在这种情况下，设计需要加以重构，从专注于交付产品、文件和界面的活动，转变为使服务的所有环节以统一体验共同发挥作用的过程。我们意识到，一片新的天地即将开启，我们需要研究设计的前提条件是如何变化的。

然而，当销售服务的公司采用筒仓式结构时，很容易出现影响客户体验的问题。例如，客户看到网站上推出了新的移动电话套餐，但到门店一看，却发现工作人员对新的套餐一问三不知或是店里不允许以网上的价格售卖套餐。再比如说，病患经常在医院里不明所以地干等好几个小时，或是在情绪极不稳定的时候得到相互矛盾的消息。划分筒仓对业务单元来说是有意义的，但在把所有服务视为整体体验的客户来说则不然。当我们研究如何扭转这种局面时，经常会回到这个问题。

许多服务型企业都认为自己是在销售产品。金融业是这方面的典型，但保险和银行账户分明是有多个交互触点的服务，而不是产品。在出现问题时，保单受益人当然希望能够得到经济补偿，但价值上的差别在于，是有一个善解人意的人在电话的另一端指导他们完成索赔程序，还是只收到一份晦涩难懂的 20 页表格，然后不得不等上好几周才拿到赔偿金。许多组织已经开始考察他们的客户服务工作及其可能带来的价值。这为服务设计师提供了绝佳的机会。

2.3 在筒仓中创造的服务，总体体验是割裂的

许多服务提供商面临的挑战是，组织结构限制着他们提供良好的服务体验。通常，服务的单个环节都设计得很好，但没有人考虑过整体的服务该如何设计。然而，客户并不只在乎个别触点。客户是全方位地体验服务，而且他们判断服务优劣的标准是所有环节是否完美结合在一起并为他们提供了价值（图 2.3）。

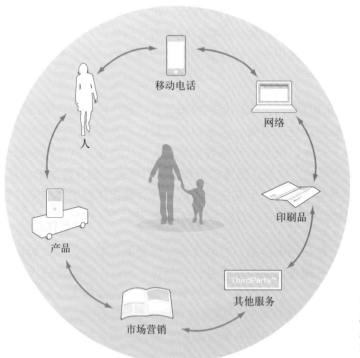

网络

人

印刷品

产品

ThirdParty™

其他服务

市场营销

图 2.3
服务体验由客户与许多触
点的交互组成，而服务质
量可由所有触点在客户心
目中的协同度来定义

另一个复杂的因素是，不同的服务触点在质量上可能参差不齐。如果网上银行和银行客服中心的服务质量有差距，并且程序不协调，那么客户一定会非常失望。

像对待产品一样对待服务，这样的工业遗风往往导致服务表现欠佳，令人失望，因为它们的问题不能像产品的问题那样解决。服务的核心是人与人之间的互动，以及人们的动机和行为。市场人员和设计人员经常说产品是有"个性"的，但苹果手机或大众汽车既不会在宿醉后醒来，更不会担心付不起房租，不在乎谁在使用它们。然而，这些事却会发生在人身上，所以说人被认为是服务设计的核心。

2.4　服务是由大家共创的

服务的一个基本特征是，只有在有人使用时，服务才可以创造价值。公共汽车服务不能把人们从 A 地送到 B 地，除非人们自己知道在哪里上车和下车。网银业务的价值只体现在客户通过网上银行界面进入虚拟银行大厅并进行交易时。火车一旦离站，里面的空座位就没有价值了。即使是在牙医诊所，病患不张开嘴告诉牙医哪里痛，牙医也是无法提供服务的。

以产品为导向的组织往往不知道可以利用客户使服务变得更出色。如果乘客充分了解公共汽车的路线和时间表，就更有可能更高效地从 A 地前往 B 地，并且更乐于使用公共汽车，从而减少碳足迹和缓解道路拥堵。如果网上银行设计得好，客户就不需要在银行大楼里浪费时间和金钱。服务是由提供商和用户共同创造的。需要注意的是，这与合作设计（co-design）不一样，合作设计指的是在产品或服务推出之前或之后让消费者或用户参与设计过程。

服务领域的一个极端是网络服务，例如 Facebook、Twitter 和 YouTube，如果人们不投入数以百万计的时间来创作内容和活动而使这些社交网络具有价值，那么这些网络服务就没有任何用处。另一个极端则是医疗服务这种"用的人越少越可持续"的服务。确保医院高效运转的最佳方法是让人们通过保持良好的身体状态来"共创"健康，使其免于治疗。许多组织在发展过程中错过的一个最大机会是，他们没有把客户看作是自己提供服务过程中有价值、有生产力的资产，而只把客户当成是消费产品的普通人。

2.5　新的技术环境：网络

在过去的 10 年间，服务设计作为一个新的设计实践领域而诞生，这并非偶然。20 年前，服务设计的对象往往是酒店业和快餐业。如今，数字化平台对企业的运营至关重要，无论企业规模大小。信息时代的数字化环境为新的服务交付方式创造了极大的推动力。

现代服务交付完全依赖于数字化平台。如果没有即时在线查看的详细记录，医院和银行就无法运转；如果没有不断平衡供需的算法，航空公司就无法出售廉价机票；如果没有互联网或手机，大多数人就无法做很多事情。20 年前，手机是专属于华尔街交易员和军方的前卫玩意儿；而如今，许多人甚至难以想象没有手机怎么在城市中约会。

案例：共享汽车服务 Streetcar

说到基于客户积极参与的平台服务，一个例子是共享汽车俱乐部，世界各地的城市中都可以看到它的身影。共享汽车先驱 Streetcar 成立于 2004 年（2010 年 4 月被 Zipcar 收购），为了释放 Streetcar 的全部潜能，它的客户体验需要得到全面改善。为了说服人们转向这种新的用车方式，客户体验必须优于购买并拥有一辆车。我们的建议是，服务体验应该像关上大众汽车车门时的"咔哒"声一样令人满意，那是一种协调、沉稳、愉快的体验，让人确信整个过程是经过精心设计的（图 2.4）。这个想法看似微不足道，但大众汽车的产品设计人员和工程师却非常理解并为之花费了大量的时间、金钱和精力。

我们开始着手打造一种新的客户体验，使 Streetcar 能够克服阻碍其发展的关键障碍：缺乏理解、难以获取以及可用性较低。通过分析客户初次对品牌产生印象到定期使用的过程，我们以系统化的方式解决了这些问题（图 2.5）。

我们能够确定客户在哪一步放弃注册或需要贴心的客户支持。这项服务现在清楚地表示为四步流程：（1）预订；（2）解锁；（3）输入密码；（4）开始驾驶（图 2.6）。客户只需要给 Streetcar、司机以及车辆牌照局打个电话，就能轻松加入。在线预订引擎也得到重建，易用性得到了增强。

企业系统存储并链接着大量的数据，而大众消费者通过网络和移动电话获取这些数据，两者的结合正在改变人们的日常生活方式。同时，由于很难将这些系统以方便客户的方式连接到一起，服务品质往往会下降。这种机遇和难题的结合，使得服务设计作为一种特殊的设计方式应运而生。

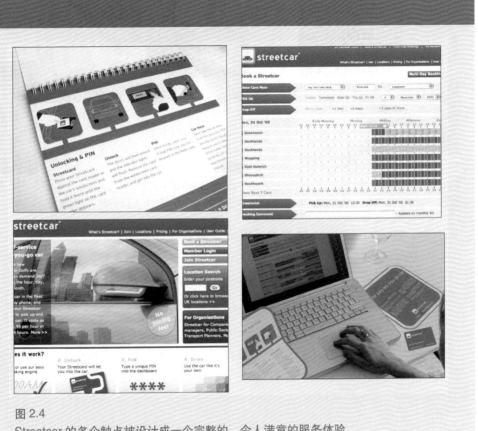

图 2.4
Streetcar 的多个触点被设计成一个完整的、令人满意的服务体验

案例：共享汽车服务 Streetcar（续）

图 2.5
通过分析客户旅程，Streetcar 可以看出客户是在哪一步放弃注册或对服务感到不满意的

从本质上讲，Streetcar 的运作离不开服务提供商、城市和客户之间的合作。Streetcar 提供的技术使人们可以在短短半小时内租到车。伦敦市政为共享汽车提供方便的停车位。客户为汽车加油、保持汽车的清洁并将其停放在便于其他客户找到的地方。

许多组织都很难有效利用客户所提供的优质资源。其实呢，大多数客户都想从自己使用的服务中获得尽可能多的好处，通过让客户加入，服务提供商可以创造双赢的解决方案。

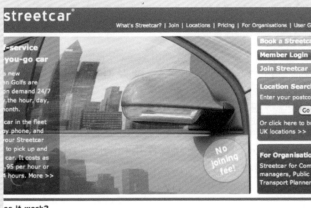

图 2.6
重新设计后的 Streetcar
服务表示为一个简单的
四步流程，以确保新的
客户能快速理解服务主
张以及运作方式

2.6　服务经济

在发达国家，大约75%的收入来自服务业，这也是一个创造了大部分新工作的行业。在以出口能力著称的德国，工业制造行业中的工作岗位减少了14万个，而服务行业却新增了33万个工作岗位，个人护理服务所创造的收入比德国整个汽车行业的还要多。[①] 我们也可以看到，服务设计正在逐步成为一个关键性的竞争优势。物理元素和技术很容易被复制，但服务体验根植于文化，非常难以复制。人们会选择使用能给自己带来最佳体验的服务，无论他们是要坐廉价航空还是要买头等舱的机票。

正如工业设计在工业经济中推动新的产品进入大众市场一样，良好的服务设计是让新技术成功进入市场的关键。每年设计新的产品型号成为成熟产品保持成功的秘诀。在服务经济中，服务可以不断地重新设计，以保持市场竞争优势。

可以将商业模式从产品模式转变为服务模式的领域中，蕴藏着极大的机会。一个典型的例子是共享汽车，其商业模式从将汽车作为产品进行销售转变成提供出行服务。

2.7　服务的核心价值

要想深入理解服务并探索它们和产品的不同，可以研究人们能从服务中得到什么好处。

服务有很多细分的特质，其中一些将在后面的"服务度量"一章中探讨。我们一直在开发一种简单的方法来理解服务向客户提供的一般价值类型，也就是为我们所知道的每一项服务编目，并根据三个核心价值——关照、使用和响应（图2.7）——对它们进行分组。大多数服务至少可以提供其中一种核心价值，甚至经常是三者都有。

1. 对人或物提供的关照服务

说到以关照为重点的服务案例，我们最容易联想到的是医疗保健领域，但其实许多

[①] Olaf Gersemann, "Die neue deutsche Arroganz," *Weltam Sonntag*, January 9, 2011, 参见 www.welt.de/print/wams/wirtschaft/article12055689/Die-neue-deutsche-Arroganz.html。

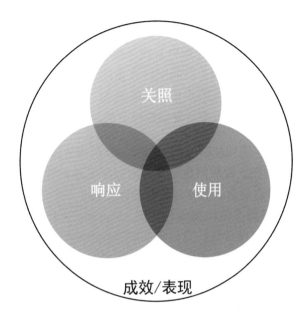

图 2.7
服务的核心价值可以归纳为三个
主要领域：关照、响应和使用

维护保养服务也是以关照为核心价值的。对于关怀服务，一个知名的例子是罗尔斯·罗伊斯（Rolls Royce）[①]航空发动机服务，它在飞行过程中监控着飞机的发动机，并在世界各地都准备了可能需要用到的零部件，以备飞机降落时使用。[②]

对物品——汽车、空调、羊毛大衣——的保养或护理是由汽车修理工、暖通空调技术人员或干洗店提供的。对人的关照则由从托儿所到养老院的各种服务机构提供。会计师、律师和治疗师关注的是金钱、人身自由和幸福感。

① 译注：一家跨国的航天与国防公司，成立于 1906 年，专门设计及生产航空等各产业使用的动力系统。罗尔斯·罗伊斯是全球第二大飞机发动机厂商，主要业务领域包括轮机工程和能源。

② "Why Rolls-Royce Is One British Manufacturer Flying High in a Downturn," Design Council Magazine 6 (Summer 2009): 46–47, 参见 www.designcouncil.org.uk/Case-studies/DCM-case-studies/rolls-royce/; and Irene C. L. Ng, Glenn Parry, Laura A. Smith, Roger Maull, and Gerard Briscoe, "Transitioning from a Goods-Dominant to a Service-Dominant Logic: Visualising the Value Proposition of Rolls-Royce," Journal of Service Management 3, forthcoming. Interim location: WMG Service Systems Research Group Working Paper Series, #05/12, ISSN 2049-4297.

2. 为人或物提供使用权服务

许多服务使人们能够临时使用某物或某物的一部分。铁路服务机构为一段特定的旅程提供车座使用服务。学校可能为 5 岁到 11 岁的学龄儿童提供学位。电影院提供巨大的屏幕、舒适的座位和 90 多分钟的视听娱乐。一般来说，以使用权为主要价值的服务让人们能够使用自己无法拥有的大型、复杂或昂贵的物资。

其他类型的使用权服务是供人们长年使用基础设施的服务。公用事业服务，比如水、煤气和电力，在发达国家中无处不在。互联网是一种相对较新的基础设施，它带来了全新的服务，以共享的方式提供对信息、数字媒体和技术的访问。Spotify 提供对海量音乐库的访问。谷歌提供对海量搜索数据库的访问。Facebook 提供对数十亿个个人页面的访问。从这种意义上来说，我们可以将互联网视为一种元服务，因为它能够提供其他许多的子服务，因此而使许多人坚持认为并没有任何一个实体"拥有"互联网。

这些服务为个人提供了大型基础设施的使用权，而这些基础设施是供许多人共同使用的。最终，除了自己的体验外，人们并不拥有任何可以带走、储存或转让给他人的东西。

这些服务往往是日常生活的基本组成部分，通常只有在中断的时候才会得到大家的关注，比如通勤列车被取消，或者学校因大雪而放假。人们期望基础设施永远都在照常运转。作为个体，我们明白每个人以特定方式使用基础设施的体验都是不同的。基础设施是一个服务层，让我们能够使用一个更大整体中那一小部分属于自己的。

3. 提供来自人或物的响应服务

第三类服务是响应人们（通常是计划外）需求的服务。这些服务通常能够提供帮助，有人与物的组合：救护车赶往事故现场、老师帮助孩子解答数学问题或者店员为顾客找到一条合适的牛仔裤。有时，这些响应式服务是意料之中的，人们通过保险、社会保障或者仅仅只是选择品牌提前购买了获得这些服务的权利。

在许多方面，响应式服务很符合人们对服务的默认理解。比如，向服务员要水时服务员会做出响应。从这个意义上来说，响应式服务与产品有着本质的区别，因为它们不是预先设计好的，而是在响应请求时应运而生的。

在许多情况下，服务的三大核心价值是重叠的。保险服务既提供财务风险管理措施的使用权，又在客户打电话想要申请理赔时对特定问题做出响应。医疗服务在个人层面上提供关照，但在必要时也提供医院设施的使用权。如果有必要，医院还会用救护车接送病患。与其说某项服务只属于一个类别，不如说这项服务在不同时期具有不同的核心价值。

2.8 化无形为有形

前面这些例子可能是不言自明的。大多数人在看到和体验服务时都能识别出来，但以这种方式对服务进行描述和分析是很有用的，因为这样的服务无处不在，正是这一特性导致用户和提供商都认为它们的存在是理所当然的。因此，这些服务几乎成了生活中的无形元素。

像水电等公用事业，就是这类服务的绝佳例子。只有在停电或水管爆裂时，人们才意识到自己有多么依赖这些公用事业，并首次开始思考提供这些服务所需要的服务基础设施。正是因为许多服务几乎隐形，所以才没有人费心设计它们。我们在讨论汽车或智能手机时并不会想到这些，因为这些产品的设计颇为显而易见，并且很大程度上影响着用户的购买或使用决定。

因此，服务设计师经常需要化无形为有形，向客户展示幕后发生的事情，向工作人员展示客户生活中发生的事情，并向所有人展示隐藏的资源使用情况。这其中的许多方面都属于服务（服务主张）的商业和营销案例内容。

2.9　服务的表现

服务的三个核心价值——关照、使用和响应——定义了服务为人们提供的价值类型。单纯从任务完成方式来看，许多服务的实际结果都是一样的。租车就是一个很好的例子。客户可以从他们喜欢的任何一家租车公司那里租到车。不同公司之间可能会在价格上竞争，而价格可能会提高或降低客户对汽车以及服务的期望，但一般来说，价格不会相差太远。任何特定服务的差异点都在于其交付方式。我们认为这就是服务的表现。

"表现"这个词很恰当，因为它代表着两层意思：作为体验的表现和作为价值的表现。

2.9.1　作为体验的表现

和音乐或戏剧中"表演"的含义一样，"表现"指的是提供服务的风格或方式。表现构成了服务对象的直接体验，而人们在形容这种服务"不错"时通常指的是体验很不错。意思是，他们喜欢自己被对待的方式或服务提供者执行任务的方式。一般来说，服务提供者指的是服务人员，比如酒店前台的服务员或客服中心的员工。

把表现的概念从个人表现扩展到整个服务组织的整体表现是很有用的。如果拿音乐打比方，把服务比作一个管弦乐队或一个摇滚乐队，那么表现的质量就可以根据所有音乐家共同演奏音乐时的协调程度来判断。在这方面，音乐是一个有趣的比喻，因为在一个乐队或管弦乐队中，每个音乐家都必须不遗余力地演奏，但同时也要与其他人保持同步。如果每位音乐家都试图像独奏时那样演奏，很快就会出问题。

我们还可以进一步考虑场地或支持人员为体验所做的贡献。灯光好不好？音响工程对体验有没有正面影响？服务在这种表现上可以有不同的风格，举个例子，为了使客户获得有别于竞争对手的体验，维珍航空公司想方设法制定了一个极为严格的飞行流程，他们规范了机组人员的礼仪、着装和举止，并精心设计了数字化和印刷版宣传资料以及其他一系列触点。

体验层面上的表现就是在"舞台上"向服务对象交付服务的过程。表现的方方面面都需要保持一致，这对服务而言至关重要，在研究如何协调构成服务体验的复杂触点时，我们将回到这一概念上来。

2.9.2 作为价值的表现

"表现"一词的另一个含义对服务设计同样有用，那就是作为价值度量标准的服务表现。服务的表现如何？这个度量标准既是对外的也是对内的。面向外部的价值度量考察的是服务在多大程度上实现了向服务对象承诺的结果。例如，进行髋关节手术后，完全康复的概率是多少？面向内部的价值度量则考察服务为组织带来的收益。例如，进行髋关节手术的性价比如何？

企业通常根据这方面的表现来对活动做出判断。因此，由我们设计并由他们提供的服务将通过硬性绩效指标进行评估。服务设计师需要重视这方面的服务设计，就像重视客户体验方面的设计一样。

价值层面上的表现是企业对服务的"后台"进行度量——幕后发生所有的事情都有助于为客户打造或开展服务体验，但这些事是客户看不到的。这为服务设计师带来了一个挑战。我们需要能够度量硬性的业务指标，同时也要度量软性的用户体验。这方面的挑战将在第 8 章中讨论。

2.10 体验的一致性

虽然应该无需再向本书的读者宣扬设计的价值，但作为服务设计师，我们必然要向客户进行商业论证。根据我们的经验来看，本书所讲述的设计方法能以快速、实惠和有效的方式创造能让客户满意的服务体验。大多数服务都涉及建立复杂且昂贵的基础设施，而我们能在产品和服务的开发初期快速且低成本地创建出原型，为组织省下大笔资金，以免向可能会失败的项目投入太多沉没成本。服务设计的目标是体验的一致性。

接下来，就让我们看看如何采取行动。

小结

- 发达国家的经济重心已经从工业制造转向了服务业。问题是，许多提供服务的公司仍然以工业化思维看待服务，并试图像管理产品一样管理和销售服务。

- 一个很常见的管理方法是将一个组织划分为若干个部门，或者说，若干个筒仓。虽然服务的每个环节可能都设计得很好，但真正的问题在于，整个服务没有被设计成协调一致的整体。而对整体进行体验的客户会感受到触点之间的脱节。

- 实际上，许多组织的结构妨碍着他们向客户提供优质的服务体验。挑战在于如何服务和企业文化进行对重新设计。

习题

1. 服务设计的起源可以追溯到美国 20 世纪 20 年代工业设计的四大代表人物：_____。

2. 请阐述服务与产品的区别。

3. 结合案例，请用 100 字简述 Orange 的服务设计创新，比如动机、行动与结果。

4. 服务的核心价值对应于三大领域，分别是_____、_____和_____。

5. 服务设计的核心是_____。

第 3 章

理解人以及人与人之间的关系

3.1 人是服务的核心

尽管新技术可以使人们的日常生活更方便，更加丰富多彩，但人依然是服务的核心。正如我们在第 2 章中提到的那样，在有人使用或消费之前，服务没有或只有一点点内在的价值——服务或体验并不是什么能储存在仓库里的东西。但是，"使用"和"消费"是产品的思维方式，我们需要为服务使用不同的说法。人们不会"使用"医疗保健专家或律师，也不会"消费"火车旅程或酒店住宿。相反，人们与专业人士和服务提供者建立了一种关系，双方的交互是一种共同创造服务体验的行为。因此，我们需要从设计人与人之间的关系和体验的角度来思考，它们会随着时间的推移而发展和变化，而不能仅仅从短暂的消费或使用的角度来思考。

在这个自助网上预订和移动应用盛行的时代，人与人之间的互动体验似乎正在消失，但服务是由人、技术和流程之间的交互形成的。组织发展壮大的过程中，这些事情通常会被工业化和体制化。在这种情况下，它们需要重新设计得人性化才能正常运转并再次与服务的人性化体验相关联。即使是人与人之间的互动，一旦以技术为媒介进行（例如客服中心，甚至是表单），也需要引起设计的关注。[1]

需要明白的是，服务最起码是提供者和客户之间的关系，而且在更普遍的情况下，它们是服务组织内外的人与人之间错综复杂的关系网。与客户互动的工作人员是内部服务的使用者和提供者。很多人都抱怨说他们的 IT 部门如何死板或者公司的其他政策如何限制了他们的创新能力使其无法提供他们认为客户需要的服务。IT 部门的人则会反过来抱怨说其他员工——他们的"客户"——如何拿一些不言自明的问题（对他们而言）来浪费自己的时间。当一线员工对内部系统和程序感到失望时，他们就会变得越发地无力和僵化。这种情况会向下传递，导致客户体验不佳和服务失误。

工业化不仅导致工业化的产品思维，还导致了陈腐的"无个性企业"的诞生，这些企业往往使服务对象得到糟糕的体验，因为工业化的思维方式通常只注重效率和规

---

[1]　参阅《Web 表单设计》，了解如何以表单的方式来展开对话：www.rosenfeldmedia.com/books/ webforms/。

模经济，而不是服务的有效性。一些客户与服务提供商之间的关系最终可能变得很不健康，陷入明争暗斗的泥潭，而正如战争史所告诉我们的那样，人们倾向于把敌方非人化。

组织中所有的决定都来自于人，而且其他人会以某种形式与他们互动，并受到他们的影响。在看到国家政策时，我们经常能意识到这一点，但在论及"消费者"或"目标群体"这样的术语时，或者更糟糕的是，只关注电子表格中的数字时，却经常忽略"人"会怎样。

对服务而言，这种工业模式既效率低下又效果不佳。一旦我们忘记人——活生生的、有感觉的、有情绪的人——贯穿于整个事件链而不仅仅存在于客户使用服务的那一刻，就会出大问题。组织最终可能会变得咄咄逼人、控制欲强且冷酷无情，而客户可能会觉得，自己能用来发泄不满情绪的唯一渠道是一位倒霉的、薪水过低的客服人员，而后者同样受制于规则和条例，可能也度过了很糟糕的一天。

未来，成功的企业和公共服务将与客户建立一种更加平等互惠的关系，在这种关系中，客户被认同为服务的共创者。

第8章介绍的一个工具只是简单地提问："您有多大的可能向朋友或同事推荐我们的公司？"而另一个工具则是量化人们的期望和实际体验之间的差距。从中可以看出，我们主要想测量的是人与服务的关系和人们彼此之间的关系，而不是效益指标。服务通常涉及交付服务的工作人员，但许多服务其实是平台在创造服务对象之间的互动。社交网络是这方面最典型的例子，但有些服务，比如 eBay[①]，是两者的结合体。信任、声誉、同理心和语气等问题对许多服务的发展都很关键。不仅要了解作为个体的人，还要了解人与其他人之间的关系，这对于理解服务如何运作是至关重要的。

---

① 译注：1995 年创立于加州圣荷西，最初是一家线上拍卖及购物网站。2016 年的营业额为 89.8 亿美元，员工有 34 600 人。

建立了这种关系的一个典型例子是佐帕 [①]，它提供的点对点（peer-to-peer，也称 P2P）借贷服务极大地改变了金融服务的客户关系模式。佐帕赋予了人们建立联系的能力，并了解人们的需求、动机和感受，它不仅仅是另一种借贷服务，还是一个具有互惠责任感的社区，而这在主流银行界显然是长期缺失的。若想进一步了解佐帕，请参见第 6 章。

为了把人放在服务的核心位置，我们需要了解他们。我们需要倾听他们的心声，获得准确的信息，以知晓他们在何时需要什么。我们将从收集洞察开始。

3.2　洞察与数据

服务设计吸收了以用户和人类为中心的设计传统以及社会科学，构成了我们工作的基础，也就是收集对使用和提供服务的人的体验、欲望、动机和需求的洞察。

尽管商业媒体大肆宣扬"客户至上""以客户为中心"和"以客户为关注焦点"，但很少有组织会像运用会计和法律知识那样严谨地运用这方面的知识。当然，前者通常是法律规定的，但旨在为人提供价值的组织，增进并保持对人的深刻理解，对企业的可持续生存同样重要。服务设计并不是计算各种数据后简单叠加在商业主张上的，它是整个组织及其业务的基础，并且可以使企业文化和思维实现范式转变，变得具有持续价值和创新能力。

所有类型的组织都具备将服务个性化并为自己和客户创造巨大利益的潜能。从教育领域的个性化学习计划到根据投保人驾驶风格定制的保险报价，个性化是一个神通广大的概念。将注意力从大众转移到个体可以带来全新的机会，因此，服务设计更注重定性而非量化的研究方法。

服务设计涉及对一个项目的所有利益相关者进行研究——从总经理到终端用户，从

---

① 译注：Zopa 全称为"zone of possible agreement"，2005 年创办于英国伦敦。2017 年成为英国第一家网贷规模超过 20 亿英镑的 P2P 公司。2021 年吸纳约 2.5 亿英镑固定存款账户总额。2021 年，从软银愿景基金和其他投资人那里筹集了 3 亿美元。

一线员工到第三方供应商。当然，其他学科也很注重对客户的深入了解，并把它当作一种商业优势，其中最有代表性的是市场营销学，事实上，"洞察"这一术语在市场营销学中应用很广。这并不是说服务设计是市场营销的替代品，我们也承认，服务设计的一些方法和手段借鉴了许多学科，但我们想要知道，对设计的格外重视如何在服务体验、服务主张和触点方面创造价值。

市场营销学善于了解市场以及通过经典的 4P——价格（Price）、促销（Promotion）、产品（Product）和地点（Place）——进入市场。我们关注的是第 5 个 P，也就是 People（人）以及我们该如何与人合作，共同以更好的方式进行服务设计。

市场研究通常是量化的，而且喜欢招募大量受访者。从统计学的角度来看，这种研究可以得出一些有意义的、正确的"事实"，比如使用某种服务的人所占的百分比（图 3.1）。这种背景信息或许是有用的，但通过量化研究发现 70% 的人不骑自行车（以一个虚构的统计数字为例）并不能给出任何线索来说明他们为什么不骑自行车。

市场调查	洞察研究
⚋⚋⚋⚋⚋⚋⚋⚋⚋⚋	⚋⚋⚋⚋⚋⚋⚋⚋⚋⚋
⚋⚋⚋⚋⚋⚋⚋⚋⚋⚋	10个人
⚋⚋⚋⚋⚋⚋⚋⚋⚋⚋	**********
100个人	**********
**********	**********
10个事实	100个洞察

图 3.1

两者并没有优劣之分，但就我们的目的而言，相比量化研究所得到的"事实"，定性研究产生的洞察更为有用，可以用作设计的基础定性研究能帮助设计师深入了解人们那些看似毫无逻辑的乱象和情绪。我们对人们的需求、行为和动机很感兴趣，因为设计师想要解决的设计问题正是由这些因素构成的。

在前面的例子中，不骑自行车的人也许更喜欢开车或坐公交车，他们不骑自行车也许是因为所居住的城市缺少自行车道，对事故风险的担忧降低了他们骑自行车的欲望。如果只看统计数据的话，我们可能会假设自行车市场只占30%，并认为最好的方案是设计更好的私家车和公交车。当然，这样的选择可能导致自行车道和骑自行车的人进一步减少。了解人们不骑自行车的原因，并探索骑行爱好者的行为方式之后，我们可以把设计的关注点放在重新考虑交通分区和自行车服务上，哥本哈根市政采用的正是这种做法并取得了巨大的成功。[①]

3.2.1　利用洞察来推动创新

服务设计和创新相辅相成。许多工作涉及将客户从工业化的思维方式转变为服务设计的思维模式。这可能意味着要花大量的时间帮助客户发展内部文化，帮助他们面对未来的挑战。

不管是创新还是改进，服务设计师都会采用同一套工具和方法，但在每种情况下，洞察的目的是不同的。所谓创新，指的是向市场引入新的服务，甚至是开拓新的市场。这种模式下，主要侧重于确保价值主张可行，以减少风险。研究的目的是获得对需求和行为的洞察，为富有成效的项目和可靠的理念打下坚实的基础，并通过尽早并频繁地进行原型测试来验证它们。

创新工作往往天马行空，需要跳出常规的思维，但风险在于，它可能脱离人们真正的需求和问题。我们仍然在等待可以飞的汽车和喷气式背包，但它们至今没有被发

---

① 参见 www.copenhagenize.com, and City of Copenhagen, "Copenhagen—The City of Cyclists," www.kk.dk/sitecore/content/Subsites/CityOfCopenhagen/SubsiteFrontpage/LivingInCopenhagen/CityAndTraffic/CityOfCyclists.aspx。

明出来，这可能是件好事，因为两者很可能导致碳排放激增和空中交通拥堵。如果要求人们构想他们理想中的交通工具，他们可能会表示自己喜欢飞行汽车或《星际迷航》里的传送装置。然而，除了满足童年时期的幻想，这些建议的潜在需求其实只是一种高效且有吸引力的交通体验，甚至是完全不花时间在路上，瞬间抵达目的地。创新头脑风暴很容易被技术或市场营销的想象带偏。通过调查人们的日常体验，观察他们的行为、表现以及动机，我们可以利用对人们真实生活的了解来为创新过程奠定基础。

最终，驱动创新的洞察能够明确回答这样的问题："我们提供的服务在人们的生活中是否有意义？人们是否能发现它的价值？"

许多服务设计项目都是改进现有的服务。在这种项目中，洞察研究的侧重点略有不同。如果一项服务已经有了很多客户，而且竞争对手已经进入了市场，那么我们可以假设人们已经了解了这项服务的用法，并认为它是有价值的。在这种情况下，重点在于发现服务中的故障点（在服务设计中的术语是"失败点"）和优化体验的机会。这种关注意味着我们可以缩小研究范围，少关注未被满足的需求，多关注目前的使用情况。这也意味着运营数据成为十分有价值的资源，而一线员工则是洞察的宝库。一线员工通常可以识别出客户在服务中遇到的大部分问题，尽管他们可能很难找到机会突破固有的思维。当时间紧张并且服务改进项目的预算有限时，最好优先对工作人员和数据展开调研，迅速挖掘出设计优质服务所需要的细节。

很明显，两种服务设计项目是有重叠的。改进可以通过小小的创新来实现，天马行空的创新想法可以聚焦并应用其理念来改进现有的服务或触点。有变化的是我们对洞察研究结果的关注点。无论哪种情况，关注点始终都应该聚焦于人。

3.2.2　与人共同设计，而不是单方面为人设计

人是服务交付过程的一部分，与产品交付过程不同。举例来说，消费者可能不知道自己用的车是谁设计或制造的，但他们与客服中心的员工或在急诊室收治他们的护

士有一些接触。就像为客户设计服务元素一样，我们也需要为提供服务的人设计服务元素。

服务设计倡导的是"与人共同设计"，而不仅仅是"单方面为人设计"，这正是它与经典的以用户为中心的设计和市场营销的区别。"人"不仅仅是指消费者或用户，还包括提供服务的人，他们通常被称为一线员工、前台或负责对接客户的工作人员。他们的经验（包括知识水平和对工作的参与程度）对服务的持续成功至关重要，关键原因有两个。

首先，用简单的话来说，快乐的员工等于快乐的客户，所以，让他们参与服务设计可以确保提供服务是一种积极的体验。参与服务创造和改进的员工不仅有更多参与感，还能够通过了解自己所提供的服务的复杂生态以及如何利用创新工具和方法，不断地改进服务本身。[1] 服务创新的生命周期应该长于服务设计师参与项目的时间。这意味着，其他利益相关者可能作为持续变化过程的一部分，参与到服务设计的许多活动中。

第二，与客户密切接触的一线员工往往是真正的专家。对于服务设计的潜能，他们能提供很好的洞察，其价值往往不亚于来自客户的洞察，他们还可以对管理层和市场人员可能从未经历过的日常体验提供看法。

案例：P2P 学习平台 HourSchool，让利益相关者参与服务设计

HourSchool 是一个帮助人们成为教师的 P2P 学习平台。我们与得克萨斯州奥斯汀市的长期支持性住房社区 Green Doors 合作设计了一个同伴教育项目。Green Doors 每年为 300 多人提供住房，并为这些接受安置的居民提供支持性质的服务。基于共同的价值观，我们致力于创造一种以实力为本的方法，提高社区居民的参与

---

[1]　员工和顾客满意度的一致性被称为"镜像满意度"；请见 J. L. Heskett, W. E. Sasser, and L. A. Schlesinger, *The Service Profit Chain,* 1st ed.（New York: Free Press, 1997）。

度和领导力。HourSchool 的工作人员已经认识到了教育的变革力量，并知道建立一个鼓励同伴学习的平台网站需要什么。然而，对于一个把线下交流作为主要沟通渠道的社区，我们需要共同设计一个新的综合性服务项目。我们需要所有利益相关者——行政管理人员、社区管理者和居民——的认同感、归属感和参与感，以使这个项目融入他们的生活，即使离开我们也能蓬勃发展。

将服务设计用作一种方法，突出了同伴教育项目中需要合作处理的所有不稳定的部分。在开始创建服务蓝图并勾勒出关键触点、工件和后台行动时，我们立即注意到社区管理人这个角色的重要性。她不仅要带头组织活动的后勤工作，还要培训居民如何使用这项服务（通过模板、查询和会议）。此外，我们需要教会她使用一些工具，以便我们离开后，她仍然能够随着项目的不断发展继续对服务蓝图做出决策和调整。

一开始，我们计划了一个试验性的项目原型，其中包括多轮的反馈、迭代和调整，以便居民在这个过程中提供反馈和进行服务共创。为了与社区产生联结并尽早建立信任关系，除了正式的研究和设计会议，我们还与人们不断非正式地会面。一些最有价值的洞察和设计工作是在每月一次的居民委员会会议中产生的。这种社区会议主要讨论热点问题，比如对洗衣房的投诉或新的游乐场规则等。

以下几个例子说明了参加这些会议是如何影响服务设计的。

◎ **看法的改变**：在项目早期阶段，我们举行了一个活动来探索居民对"课堂"的看法。我们挖掘出了他们抱持的的偏见"课堂只是枯燥的演讲"，并帮助他们想象了一种社会化、个性化并且有趣的学习。我们一起确定了"课程"、"演示"和"交流"这几个活动类别，并在达成共识的前提下开始为社区规划这些活动。由于居民也帮助确定了新项目的语言和框架，所以他们开始对项目有了主人翁意识，而不是被动地接受他人的想法。

案例：P2P 学习平台 HourSchool，让利益相关者参与服务设计（续）

○ **持续获得洞察**：除了最初的研究阶段，我们仍然能收集到新的洞察。利用会议中了解到的事实（例如，计算机房的开放时间不一致），我们在与社区管理人的工作会议中改进了服务蓝图。我们原本希望居民填写张贴在计算机房的登记表，但现在看来，也有必要将登记表发给居民。

○ **同理心** [①]：我们解了人们，人们也了解了我们。通过各种会议，我们目睹了人们的生活之复杂，他们需要操心的事情之多。我们不断地认识到，这个同伴教育项目只是人们生活中的一部分。这促使我们尽可能使我们的服务与人们（包括工作人员和居民）的目标保持一致，并切实有效地将项目与系统的其他部分关联起来。

随着时间的推移，会议本身成为同伴教育项目的一个触点，因为它们在社区生活中是一致的。发布新的课程、征集要求和招募志愿者现在都是常设议程。参加月度例会最有价值的好处之一是亲眼见证同伴教育计划逐渐生根发芽的过程。人们经常在会议中分享参加课程的有趣故事，而会议也成为居民们相互激励和鼓舞的场域，使其能够迈出步伐，达成目标，并在过程中相互支持。

关于作者

克里斯蒂娜·陈是 HourSchool 的项目设计负责人。她秉持以人为本的设计理念，将服务和交互设计方法融入社区管理、项目开发和公益创业的设计实践中。

乔恩·科尔科是奥斯汀设计中心的创始人和董事，该中心提供交互设计和公益创业培训，是一家前卫的教育机构。乔恩的最新著作是 *Wicked Problems: Problems Worth Solving*（奥斯汀设计中心，2012）。

---

① 译注：关于同理心的练习，可以参阅《同理心：沟通、协作与创造力的奥秘》，译者是陈鹄、潘玉琪和杨志昂。

3.2.3 跨时间和多触点的工作

对出身于已经采用人本设计方法的设计师而言,这些内容中的大部分应该已经很熟悉了。通过了解人及其日常生活与需求得到的核心洞察,成为许多设计项目立项的基础(在理想情况下)。服务设计和产品或用户体验设计的一个区别在于,我们的利益相关者通常更多,触点的数量和范围更广,而且所有这些都会随着时间的推移而相互影响。

1. 按照旅程阶段与目标群体进行细分

在我们对服务设计的定义中,体验是随着时间的流逝不断产生的。对于网上购物或看病这样的过程较短的体验,获取洞察是比较简单的,但对于几年甚至几十年间不断变化和发展的体验,又该如何获取洞察呢?

在产品设计或市场调研中,我们通常会对市场进行细分,采访不同年龄、不同社会地位或不同行为模式的人。对于服务领域,与人们接触的一个更有用的方法是观察他们在不同阶段中与服务之间的关系。这种策略使我们能够研究人们在服务中经历的不同旅程,以及他们是如何在各个触点间进行转换的。

2. 研究多个触点

与许多产品或电子界面不同,服务不适合在实验室中进行测试。首先,服务通常涉及大型基础设施,在没有铁路系统的情况下,我们很难测试火车的整个行程,只能设计其中部分元素的原型。更重要的是,人们通过不同的渠道在不同情况下与服务互动,这个过程通常也包括与其他人的互动。在收集对人们与触点互动的洞察时,场景是至关重要的,而在实验室场景下,不可能实现这种互动(除非项目与在实验室中工作的科学家有关)。

例如,旅客这次可能在网上购买火车票,下次可能在车站柜台买票,再下次则可能在自助售票机或上了火车再买票。此外,购票的体验与价格、路线和发车信息、车站标识、车站员工如何处理问题以及火车行程本身的质量水平密切相关。与火车行程相关的第三方服务也起着重要的作用，比如公交车和出租车、信用卡、地图、清洁服务以及让旅客可以舒适待车和简单用餐的咖啡馆。

从服务的角度来看，我们真正想了解的是这些触点如何共同构成一个完整的体验。因此，最好对人们使用服务的场景进行研究。研究人们如何在家里、在路上、在工作中使用服务，然后把这些点连接起来。

除了寻找潜在的和明确的需求和愿望（大多数设计项目都做到了这一点），还要仔细寻找针对特定服务的洞察。寻找创造好的体验所需要的、但目前可能缺失的触点以及多余的触点。探索服务在什么情况下可以发挥更大的作用，或者在什么情况下让服务最好是"隐形"的。

最重要的是寻找不同触点之间的质量差异以及期望和实际体验之间的差距。一旦人们的期望得到满足，他们就会对质量给予好评。无论是高水平的服务还是低水平的服务，期望和实际体验之间差距越小，表明客户满意度越高。

这些事情做起来比说起来要困难得多，而且很可能变得非常复杂。我们能够影响的受制于自然条件和经济条件，如果试图追踪每一个触点，那么整个世界最终可能都需要重新创造。共享汽车体验可能在城市的场景下发生的，所以我们可能会调查停车位是否合理，这意味着我们要与市政府打交道，之后不久，我们不得不正面"迎战"整个国家的交通基础设施政策。由此可见，战略眼光非常重要，并且要事先确定洞察研究的范围。如果客户是铁路公司，那么火车站某个脾气暴躁的咖啡馆老板或许就不是我们能够研究的触点，尽管我们可以尝试了解这位老板为什么如此暴躁，以至于影响到了旅客的心情（也许铁路公司向他收取的租金太高）。另一方面，他可能对造成旅客困扰的原因有很好的洞察，因为每天都有人问他车站出口在哪里。

小结

- 人是服务交付过程的一部分，这和产品交付过程完全不一样。服务的价值与提供者和客户之间的关系好坏密切相关，同时也与服务组织内外的人际关系网络密切相关。

- 我们不仅需要为客户设计服务元素，还需要为提供服务的人设计服务元素。这意味着我们需要与服务对象共同进行设计，而不仅仅是单方面为服务对象设计。

- 在设计时，我们需要深入了解人们的需求、动机和行为。相比定量研究，定性研究通常能够更好地提供洞察所需要的数据。

- 研究人们在所有触点渠道中的活动和交互以及他们在服务旅程中经历的各个环节，是非常重要的。

习题

1. 服务设计在市场营销学的经典 4P（_____、_____、_____和_____）上，增加了第 5 个 P：_____。

2. 服务设计倡导的是_____，后者也是它有别于以用户为中心的设计与市场营销的关键。

3. 提供服务的人对服务的成功很重要，有两个原因：_____；_____。

第 4 章

将研究成果转化为洞察和行动

收集洞察的过程借鉴了一系列的研究方法论，特别是设计、可用性和人类学研究方法。如果熟悉用户体验设计、以人为本的设计、产品和社会设计项目，您肯定很熟悉其中的许多方法。本章将说明在服务设计的背景下，应该如何使用这些方法以及使用它们的原因和场景。

大多数设计师都在商业环境中工作，预算和时间通常十分紧张。尽管在研究过程中严格要求自己很重要——因为这至少有助于证明我们的项目是合理的——但目标不一定是发布研究报告。我们的目的是得到实用的洞察，可以用它来提高当前服务设计项目的质量。重要的是认识到，任何洞察都比完全没有洞察好，而且洞察会让人着迷。一旦您的同事和客户尝到了甜头，他们就会来寻求更多洞察，以便对您最初的假设进行验证或制作原型。

那么，该从哪里着手呢？一如既往，答案是"视情况而定"。接下来，我们将把方法和案例归纳到实际的层次与场景中，而不是一个不太可能完全实现的理想过程。这个框架将帮助您思考如何产生可以满足团队和企业当前需求的洞察，对于刚接触服务设计的人来说，这同样是一个很好的起点。

4.1　洞察分析报告的三个层次

无论怎样论证调研对产生洞察有着多么积极的影响，我们都必须认清一个事实，那就是研究往往是耗时的，因此也是成本很高的。说服新客户在前期投入大量研究预算并相信您会得到有用的成果，可能是个很大的挑战。这个过程往往是对时间、金钱和质量的慎重权衡。思考这个问题的一个实用方法是将细节（和工作量）划分为初、中、高三个层次，然后根据需要从中选择。

4.1.1　初级：人们说了什么

大体来说，粗略的分析是对 4 到 5 位受访者组成的小样本组进行时间相对较短（比如45 分钟）的访谈并对他们说的话进行总结，从而得到一个大致的分析总结，其中不包括任何其他活动，比如现场观察、研讨会、实地走访或测试。成本包括招募费用和发放给参与者的所有奖励。这种级别的研究不可能有差旅预算，所以访谈可能需要在当地进行或是通过电话或电子邮件进行。

为客户提供的产出是一份简短的执行摘要以及从深度访谈中得到的五大观察结果，以 PDF 文件或快速演示的形式提供。这些观察结果可以为客户提供一些可能的立竿见影的效果。

4.1.2 中级：我们看到了什么

对 10 名左右受访者进行调研后生成的中级洞察分析提供了更深入、更细致的洞察。对那些要求调研在特定项目之外也具备长期价值或需要与公司内部的更大群体分享调研成果的客户来说，这种更高等级的分析可能更好。

这种输出提供的洞察和总结比初级分析所提供的要深入得多（图 4.1）。中级洞察分析也能确定项目问题的优先次序，这些问题是在服务设计组织与客户一同开展的内部研讨会中产生的。得出的洞察可以用书面报告、演示幻灯片、博客或总结的形式呈现（详见 4.3 节"洞察的整理和呈现"）。

图 4.1
中级洞察报告示例

4.1.3　高级：它意味着什么

高度详细的洞察分析报告需要通过更深入的访谈与其他洞察收集技术的结合来生成数据。这一级别的分析更深入、更系统，更多地强调洞察对行业和客户项目的战略意义，以及为客户提供的建议和解决方案。输出也更加多样化，可以包括低级和中级的输出，同时也可以拓展为一个简短的视频或与客户和／或其他利益相关者的研讨会，以分享和巩固通过初步研究获得的洞察。

4.2　洞察收集方法

本节介绍的许多洞察收集方法都起源于人类学，但需要注意的是，尽管我们使用了人类学的方法和技术，但并没有以正规的方式进行人类学研究。在过去的几年间，设计师开始使用甚至滥用"人类学"这个术语，比如："是的，我们做了一些人类学研究，然后就开始进行设计了。"在设计研究中，对人类学的历史、方法和严谨的解读比较宽泛。在借用人类学方法时，我们应该尊重它最初发展的方式和原因，以了解并记录社会或文化群体的知识、关系和信仰，而这通常需要花上一年或更长时间来观察。当然，最理想的情况是聘请训练有素的人类学专家与设计研究人员和设计团队，与他们展开合作。

尽管下面列出的方法都是从事服务设计项目的人常用的，但不完整。任何能够帮助您更深入理解人们动机和行为的方法，包括您在交互或用户体验工作中可能用过的方法，都将对服务设计项目有帮助。

4.2.1　深度访谈

深度访谈是一种长时间的、有情境的访谈，其结构往往相当开放。这种方式具有启发性且富有成效，可以产生对个体看法、行为和需求的洞察。访谈也有利于发现价值、意见、明显或潜在的信息、互动以及灵感。这些访谈通常都以一个主题作为引导，它们提供一个机会来让研究人员与受访者深入探讨相关的问题，询问并验证他们的言论，并理解他们的意思。与焦点小组的成果相比，深度访谈的成果更胜一筹，并且进行深度访谈的成本较低。贝德福德郡大学商学院整合营销中心主任安格斯·詹金森[①]认为，焦点小组在结构上是有问题的，因为每个成员往往只有几分钟的发言时间，而且本就短暂的这种互动还会受到社会压力的影响。相比之下，深度访谈能提供更深入的洞察，而且更有价值。[②]

想要在人们各自所属的环境中与他们接触并让他们解释自己对事物的看法时，访谈是最高效的方式。这意味着要用到一些技巧，比如开展绘画和其他创造性活动，让受访者能够尽量参与、放松和互动。使人全心投入的访谈是建立正向关系的关键。

在受访者的家中或工作场所与他们见面，可以为访谈带来人类学的背景（图4.2）。举例来说，如果想了解人们如何在工作场所开展活动，那么在家中进行访谈的作用就很有限了。而如果在人们的工作场所进行访谈，就可以看到许多有助于引导对话的视觉提示，而且还可以对受访者所谈论的东西进行摄影或录像。然而，工作场所的访谈有一定的局限性，详情参见本章后面的"企业对企业的深度访谈"。

鼓励设计团队中的其他成员参加并投入，让他们分享与用户见面的经历，并从中获得洞察。在少数情况下，让客户参加访谈或许是个好主意，但这可能是一把双刃剑。这么做的话，客户能对项目的方法和结果有更深入的了解，而且听到第一手的反馈时，客户往往会感到很兴奋，但他们需要做好保持沉默的准备。有的客户可以做到这一点，但有的客户则想跳出来纠正受访者对其品牌或产品的误解，这会导致受访者的回答范围迅速缩小并使访谈结果出现偏差。在某些情况下，即使公司代表只是安静地坐在那里，可能也会导致受访者言不由衷，但同样可能的是，心怀不满的用户可能会认为自己的诉求能够有人听到，从而敞开心扉，说出所有让他们感到恼火的事情。然而，千万不要试图纠正受访者所说的话，即使他们完全是错误的。

---

① 译注：1988年提出关键时机和触点的概念。1994年，在论文"超越细分"中，他首次提出人物角色的概念和方法。

② 请参见Angus Jenkinson，"Austerity Marketing and Fat Insights，" July 25, 2008, www.stepping-stones.org/Blog/?p=3。

图 4.2
在受访者家中进行深度访谈

相反，应该问受访者是如何知道这件事的以及为什么会这么认为。这将揭示更多信息。

受访者讲述自己的故事，这种方式为研究人员提供了丰富的资料，使研究人员能够确定受访者是如何理解和阐明访谈主题的。优先次序和言语上的修饰是很有用的指标，表明哪些东西对受访者是有价值的。所以，与其把某种访谈结构强加给受访者，不如使用一个宽松的访谈大纲，以确保覆盖全部主题和材料，然后引导受访者说出细节，并确认自己是否正确理解了他们的观点。深度访谈不同于其他方法，它的时间很充裕，足以发现这种深层次的细节。深度访谈的时长从 45 分钟（这可能是最短的有效时间，除非您只能和专家或高级经理聊一小会儿）到两三个小时不等，特别是在您要求某人带您参观他或她的家或工作场所的情况下。

4.2.2 深度访谈的变种

与前述开放式访谈相比，另外两种深度访谈更侧重于特定的问题：结对消费者访谈和企业对企业（B2B）访谈。在访谈目标以及沟通的形式和结构方面，这两种访谈略有不同。

结对消费者访谈

尽管优秀的访谈者能够很快让他们放松下来，但一些人可能仍然觉得一对一的访谈使自己有压力和紧张。在一对一的情况下，消费者可能会言不由衷地说一些他们觉得您想听的话。因此，我们认为对一对夫妇或朋友进行消费者调研访谈比对单人进行访谈更有成效，因为受访者会互相补充对方的答案，并在此基础上继续深入。如果他们彼此认识的话，可能会感到更轻松自在，并说出真心话。我们发现，结对访谈提供的反馈是最真实的。而且显而易见的是，结对访谈和单人访谈所消耗的时间相同，但前者却可以收集到两个人的意见。从这一点上来说，结对访谈对客户是最有价值的。

需要注意，有的人会自作主张地把自己的观点强加到另一个人身上。这种情况通常发生在有长期关系的夫妇身上，而不是朋友身上。例如，丈夫可能会向访谈者解释，他的妻子讨厌某个电视节目，或者她完全不会设置他们的家庭娱乐设备。这种关系动态可能意味着即使丈夫说错了，妻子也不会在访谈中反驳这种说法。即使丈夫所言非虚，如果这是调研主题的一部分，您也想要知道妻子为什么讨厌某个节目。也许原因是她的丈夫在节目播出时总是大声抱怨，而她对节目本身并没有意见。另一方面，妻子也可能会反驳丈夫，说他明明也不知道家庭娱乐系统是如何运作的。多年来，我们在访谈中不止一次遇到过这种双方各执一词的情况。

正如定性研究协会（Association for Qualitative Research）的本·斯盖尔斯所说："朋友或家人提供了一个天然的审查机制。毕竟，当您身边坐着一个对您知根知底的人时，您很难夸大自己的行为。"[1]

儿童或青少年在独自接受访谈时，往往会感到不自在（在某些文化和背景下，这样进行访谈可能会被认为是不合适的），所以最好与他们进行结对采访。然而，请注意，他们几乎甚至百分之百试图会给另一位受访者留下深刻的印象，特别是某些年龄段的孩子（例如十多岁的男孩）。[2]

企业对企业的深度访谈

一对一深度访谈尤其适用于 B2B（企业对企业）访谈或是对委托方的利益相关者（比如委托方的商业客户或供应商）进行的访谈。在一对一的情况下，受访者更有可能说出公司内部的实情，在同事或上司面前，他们可能不会说这些事。此外，如果涉及多人，B2B 访谈可能不好安排，因为难以找到足以方便所有人参与的时间。

最好在工作场所对人们进行访谈或观察，特别是对工作场所的环境和他们的工作流程感兴趣时。但如果要求人们开诚布公地说出他们对工作的感受，那么 B2B 访谈最好在中立的环境中进行，比如在咖啡馆。因为人们可能不愿意在家里谈论工作，而如果在工作场所接受访谈的话，他们可能不会那么坦诚。

有时，我们无权选择访谈的地点或对象。不过，即使访谈是在不太理想的条件下进行的，能够得到洞察也总比没有好。除非这些洞察真的自相矛盾或是偏颇的条件导致受访者的回答被严重歪曲。说到底，实地调研人员是无法避免这些因素的，就像他们无法完全抛开自己的文化包袱和解读一样。大多数人认为自己能够客观地看待事物，但这只是一种错觉。当您无法与受访者建立融洽的关系，或者他们的观点与

---

[1]　参见 Ben Scales, "Creative Elevation," Association for Qualitative Research, 2008, www.aqr.org.uk/inbrief/document.shtml?doc=ben.scales.14-01-2008.elevation。

[2]　参见 Kay Tisdall, John Davis, and Michael Gallagher, *Researching with Children and Young People: Research Design, Methods and Analysis* (London: Sage Publications, 2009)，一本很好的参考指南。

您截然不同的时候，您很难没有任何负面反应，即使只是一些无意识的肢体语言，也会暴露出您内心真实的想法。有一次，由于日程安排临时更改，安迪在就未来的氢燃料电池运输方案这一主题进行访谈时，意外地发现自己采访的是一群来自石油勘探公司的律师。显然，当时的气氛并不是很轻松愉快。在这种情况下，能采取的最佳处理手段就是意识到这些负面影响，并在解读笔记和其他数据时将其考虑在内，或是直接向受访者道谢并提前结束访谈。

访谈前的准备工作

茵迪·扬所著的《贴心的设计》中，有一个章节很好地说明了应该如何安排访谈，其中详细解答了如何确定受访群体以及如何与受访者招募机构打交道。[①] 以下是对一般流程的总体概览。

- 招募：这一步可能需要花两到三周的时间，所以越早开始越好。如果可能的话，最好委托招聘公司来完成招募受访者这一艰苦工作。虽然这么做貌似很花钱，但能够节省很多时间。我们需要尽可能明确地告诉招聘人员我们想要什么样的受访者。比较不同寻常的受访者（比如蹄铁匠或特殊病患）可能需要在客户的帮助下寻找。也可以利用自己的（线下或线上的）社交网络来找到朋友的朋友进行访谈。这么做有助于让您与一些本质上仍是陌生人的人立刻建立起信任关系。

- 调研：您可能不是很了解自己要采访的主题。如果是这样，可能需要研究这个领域，但不要花太多时间。有时最好留出一点知识上的空白，因为这样可以防止您先入为主地做出预设；否则，您将不得不学着故意提出一些比较外行的问题。

- 话题规划：在了解到更多情况后，制作一张提示卡。这应该是您想在访谈中讨论的话题清单，而不是需要严格遵循的具体问题列表。访谈应该是交流，而不是审讯。

---

① Indi Young, *Mental Models: Aligning Design Strategy with Human Behavior* (New York: Rosenfeld Media, 2008), 参见 www.rosenfeldmedia.com/books/mental-models/。*中译本《贴心的设计：心智模型与产品设计策略》，译者段恺。*

- 设计工具：设计合适的书面活动，使访谈更吸引人以及互动性更强。

- 准备：把深度访谈流程的具体细节梳理一遍（见后文"进行洞察研究的实践"）。

4.2.3　观察受访者

观察受访者，或称"影子跟随法"，对人们使用产品、流程和程序提供了丰富、深入且准确的洞察。它非常有助于理解情境、行为、动机、互动以及人们的行动，而不是他们的语言。它能够很好地挖掘潜在需求并得出相关洞察。潜在需求是人们实际需要的东西，但人们也许没有意识到自己有这方面的需求，因为他们已经对老一套习以为常了。

与其他获取洞察的方式相比，观察通常更加耗时且难以安排，因为受访者必须做好让您随同他几个小时或一整天的准备。在某些情况下，比如受访者试图在公交系统中找到正确的路线时，影子跟随法不会显得那么有侵略性。然而在工作场所中，就可能比较棘手，因为在销售代表与客户会面时，她或他可能并不希望您在场，或者人们可能不愿意在您面前讨论机密信息，即使您已经签署了保密协议。

当团队不太熟悉他们所研究的领域时，可以将微观察作为一个不错的出发点。微观察可以让您感受到人们进行活动（例如，购买、销售、诊断、接受治疗）时的气氛和环境，还可以让您很好地了解活动流程（例如，新病患的名字被写上白板并输入电脑，然后用蓝色文件来标记他们处于非紧急状态）。如果进行更长时间的深入观察，甚至还可以从已经熟知的活动挖掘出新的洞察。当一项任务被频繁执行的时候，将其视为家常便饭的人们可能很难发现改进的机会。

针对这种类型的研究，让受访者处于自然舒适的环境就非常重要，比如在办公室、家里或者在某项活动的背景下，比如试图找到正确的城际列车（图4.3）。如果不这么做的话，就没什么可观察的或者观察到的任务会脱离受访者的日常生活。

图 4.3
针对挪威交通系统来观察受访者

观察受访者的目标取决于参与对象是消费者还是企业。观察消费者意味着观察他们的日常生活。在与客户合作探索消费者使用和接触产品与服务的方式时,这种方法非常实用。通常,在与客户合作探索如何改进其内部程序时,观察的受访者是担任专业职位的人员。

观察的时候可以采取两种方法:一种是"旁观者"方法,也就是假装不在场,只进行观察;另一种方法更为积极主动,也就是通过对用户在做的事情进行提问来与他们进行互动。人们在工作或使用某样东西时,会有各种稀奇古怪、精妙绝伦的做法,而且针对系统、服务或界面的问题,他们常常会开发出自己的解决方法。即使您认为自己能看出他们的行动原理，也要佯装不知，请受访者解释他们在做什么以及为什么要这么做。

为观察受访者做好准备

对观察受访者制定计划时要遵循下面这些步骤。

- 招募：安排这些活动往往很棘手，因为要闯入某人的生活和工作流程。您既不希望妨碍到受访者，也不希望错过任何事，所以一定要精心规划，并且必须确保在组织中找到与研究目标最匹配的候选人。

- 设定期望：确保自己了解客户对洞察活动的预期，以便在观察时多加留意。这种理解对分析也有帮助。为希望得到答案的问题创建一个清单，并在观察时将其用作参考。同时，对观察期间出现的任何情况保持开放的心态也很重要。如果因为埋头做笔记而错过一些有趣的事情，就不好了。

- 设计工具：为了进行记录，可能需要创建一些由您或受访者来完成的书面活动（后文将就此展开讨论）。

- 准备：每次观察活动都是独一无二的，所以准备工作是重中之重。想一想自己应该如何着装以及又应该如何记录观察所得。确定获得所需要的信息需要进行多长时间的观察。

4.2.4　亲身参与，成为用户

亲身参与是获得用户洞察的一种深度参与且极具启发性的方式。它不仅能够用来研究或记录用户的生活方式或工作日常，更能让您化身成为研究用户群体中的一员（图4.4）。

亲身参与可以使研究人员对用户的感受和行为方式有独特的第一手资源，还可以是发展同理心并发现客户可能未曾想到的问题。研究人员能够亲身体验别人难以向他们描述出来的事情。

图 4.4
一种非常具有启发性的用户洞察获取方式是当一天用户或委托方员工。别忘了像图中的娜塔莉·麦基和肖恩·米勒那样穿上员工服

我们鼓励委托方尝试亲身参与这种方法，化身为他们自己的客户。这有助于他们与客户产生共鸣，并让他们能够自行发现洞察和改进意见，而不仅仅是从我们这里拿走第二手的资料。对许多客户来说，这种活动可能让人有些望而生畏，但同时，这也是一种令人兴奋且具有参与感的体验。"委托方化身为客户"这种方法也可以通过后文讲述的服务旅程来完成。

亲身体验活动可以是简单的，比如扮作"神秘顾客"，也可以是复杂的，比如化身为委托方的一名新员工。如果无法真正化身为自己的用户——例如，用户有残疾——就可以试着模拟那种体验。为了感受老人使用服务触点的体验，可以穿上"老龄套

装"，其中包括用来模拟手的僵硬和丧失灵活性的厚手套、用来限制视力的头盔/
面罩以及其他限制行动的装备。[①] 也可以花一天时间感受一下坐着轮椅购物或乘坐
公共交通是什么样的体验。[②]

为亲身参与做准备

在准备使用亲身参与方法时，请记住以下几个特别提示。

- 保持开放：可能要做以前没有做过的一些事情；请务必保持开放的思想并勇于尝
  试这些事。需要避免带您的人因为忙于照顾您而分心。

- 有条不紊：妥善周全的计划是必不可少的。您即将进入别人的工作场所和工作流
  程，甚至还可能在公众或委托方的客户面前代表委托方。要像对待真正的工作一
  样，认真地对待自己所做的事情。有些事情会自然而然地发生，所以要准备好您
  需要的一切来随时记录情况。

- 记录：选择最合适的方法来记录自己做的工作。在低调做笔记更合时宜的情况下，
  不要老是拿着相机拍来拍去。

4.2.5 服务旅程

服务旅程让参与者——通常是来自委托方的项目组成员——能够亲身体验其他（有
时貌似毫不相关的）服务（图 4.5）。参与者花几个小时甚至一天来使用这些服务。
要探索的一部分服务应该是在委托方所属的行业之外，以便参与者能够更客观地了
解他们所体验的服务是如何提供的。这种体验或许会给他们带来一些想法以应用于
企业场景中。

---

① 为了模拟衰老，麻省理工学院的 AgeLab 开发了一种名复杂的套装 AGNES（Age Gain Now
  Empathy System），详情可参见 http://agelab.mit.edu/agnes-age-gain-now-empathy-system。
② 大卫·麦奎伦在 euroGel 2006 发表的演讲中讲述了其团队采用的"沉浸式"方法怎样发挥
  了强大的力量，他当时是瑞士信贷的客户体验总监。若想观看视频，请访问 http://vimeo.
  com/3720227。

图 4.5

通过服务旅程，您或您的委托方化身为另一种服务的客户，亲身体验一系列不同的服务，其中既有舒适的体验，也有糟糕的体验

将研究成果转化为洞察和行动　　69

服务旅程能够促使委托方拓宽、转变和重塑其服务思维方式，因为在服务旅程中，他们把自己看作服务的使用者，而不是服务的提供者。这种对客户的同理心将有助于激发创新的点子。在重新设计现有的服务时，服务旅程是一个很实用的技巧，而在设计新的服务时，它也非常有价值，因为它有助于启发新的服务理念。

一般来说，服务旅程最好与研讨会或草图创想结合使用。这有助于客户把在服务旅程中所学到的东西转化为业务灵感，并为这些会议提供有启发性的材料。对于刚刚开始接触服务设计的团队来说，这可以成为很好的"敲门砖"。

为服务旅程做准备

规划服务旅程可能是劳神耗力的。需要考虑下面这些问题。

- 预算：服务旅程的花销可能很高，所以在开始组织任何活动之前，一定要先和委托方商定好预算。

- 研究：挑选想让委托方体验的服务。我们通常选择一些我们认为极好或极差的服务（但这些服务有时会带来惊喜）。

- 计划：在确定了委托方要尝试哪些服务后，您可能需要为这些活动进行预先规划。拟定一份明确的日程安排，说明每位参与者在服务旅程中要做什么，还需要为参与者提供服务旅程中各项活动所需要的资金。委托方应该自己（单人或小组）行动，不要和服务设计小组的成员一起行动。

- 准备工具：要为参加服务旅程的每个小组提供记录各项服务的工具，通常是相机和笔记本。笔记本也许可以提前准备好，提示要留意哪些事项或是要有特定的笔记结构。

- 汇报：参与者结束服务旅程后，要介绍自己的发现，并列出每项服务活动的优势与不足。这可以作为研讨会的第一项活动。

4.2.6　用户研讨会

在焦点小组中，很多人可能会言不由衷地说一些他们认为您可能爱听的话或是受到小组中其他人的影响，所以最好举办一个"共同设计用户研讨会"。鼓励以朋友结对的方式参加，因为他们可能更适应这种环境，在回答时也更真诚。[①]这类研讨会是快速产生大量洞察和想法的好方法。

在这些研讨会中，使用探针类任务（见后文的"探针和工具"），可以给参与者热热身并由此展开有用的讨论（图 4.6）。这些任务可以帮助那些不善于当众发言的参与者通过另一种媒介来表达自我。鼓励参与者形成自己的想法，并用草图或制作拼贴来帮助人们跳出他们惯有的口语化思维模式。

图 4.6
用户研讨会可以很好地替代焦点小组

为用户研讨会做准备

在计划举办用户研讨会时，需要考虑以下几点。

---

① 译注：康奈尔大学社会心理学家艾丽卡·布恩比等人的研究结果表明，如果在没有交流的情况之下，就能够和其他的人分享同一个时刻（也就是说大家都在同一个现场），个人的体验会被放大，不管是愉快还是不愉快，体验都更为强烈。比如，两个人一起吃巧克力，不说话，也会觉得比独自一人吃更甜，毕竟我们人类是社会性的动物。几个人，尤其是熟悉的好朋友，一起同频共读的话，似乎也更为专注，更容易进入心流的状态，更容易坚持。另外，怨愤和对诚实的自我分析的抵抗。嗜酒者互诚协会的手册也指出："经验表明，通过与其他人一起自律，我们可以加强个人的自制力，通过把我们的自律分给别人，我们自己保持清醒的能力也得到了加强。"

- 招募：建立一个研讨会可能需要两到三周的时间，所以最好尽早招募。应该试着招募结伴而来的朋友或夫妇，而不是单人。4 到 16 人的小组对用户研讨会来说比较理想。

- 准备场地：为研讨会安排合适的场地，空间要足够宽敞和舒适，便于大家开展活动。有时，受访者的招募人员可以协助寻找合适的场地。如果需要的话，还要准备好食物和饮料。在研讨会开始前提供食物，有助于让受访者准时到场。如果会场的墙面空间不大，可能需要带上几块泡沫夹芯板或展示板作为临时的张贴空间。

- 制定时间表：制定一个切实可行的时间表，来说明什么时候做什么。几乎可以肯定的是，前几次举办研讨会时，是无法按时完成所有计划事项的。做好跳过一部分活动的准备，并明确哪些活动比其他活动更重要。为了防止意外，最好再制定一个备用计划。

- 设计工具：花一些时间来设计工具来鼓励人们积极参与活动。确保各种工作表都有足够多的副本，并准备大量的圆珠笔、铅笔、记号笔、胶水棒、剪刀、便利贴、纸胶带和任何其他可能需要用到的工具，比如积木或彩泥。

- 文件：委托方可能想要研讨会的记录文档。虽然有时委托方会要求提供视频记录，但通常情况下，照片和在研讨会中制作的材料足够了。如果您担任主持人，并且真的有必要为研讨会录制视频，可以拜托团队中的其他人来录像。如果又录像又开展主持工作的话，您根本忙不过来。一个简单的解决办法是用三脚架把摄像机固定在某个地方来记录各小组的发言。

4.2.7　文化探索和工具

文化探索和工具是上述洞察研究方法的实用辅助工具。在访谈或研讨会中只使用口头输入的话，可能会有局限性。有些人可以通过图像、图表、草图和活动更好地描述或设想自己的世界、思想、感受和关系。

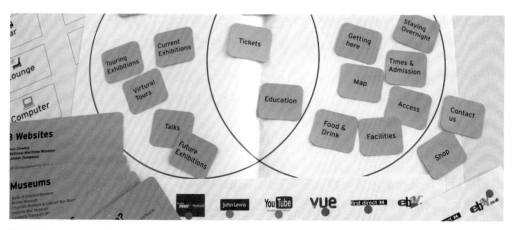

图 4.7
来自国家海洋博物馆项目的深度访谈

文化探索（probe）是基于任务的洞察获取活动，有利于在研究人员影响最小化的情况下产生洞察，并使较为内向的参与者也能发表自己的观点（图 4.7）。这些活动更正式的名称是"文化探索"（也称"文化探针"），是由皇家艺术学院的比尔·盖弗开发的。[①]

文化探索可以在访谈过程中使用，使受访者更深入地参与，也可以留给受访者，给他们一段时间完成。有时，最好把探索任务留给受访者，因为这样能够深入了解他们生活中的其他方面，或者记录一个不适合通过访谈来研究的长期事件。

1. 准备文化探索和工具

文化探索可以根据委托方的需求进行定制。定义文化探索需要花一定的时间，所以为了得到启发，最好看看已经完成了哪些事。下面介绍我们过去开发和使用过的一些工具，但绝不是一个完整的列表。在网络上和文献中可以找到大量的文化探索方式和其他访谈辅助工具的例子。把它们看作是研究工具箱中的工具，并在日后了解

[①] 参见 Bill Gaver, Tony Dunne, and Elena Pacenti, "Design: Cultural Probes," interactions 6, no. 1 (1999): 21–29。

到或开发出更多工具时将其添加到自己的收藏中。罗伯特·塔西的服务设计工具网站（www.servicedesigntools.org）也分享了很多很好的工具。

可以把访谈和研讨会中最常用的工具做成一个"旅行套装"。每次会议后都及时补充这些工具，如此一来，下次会议所需要的一切就都准备好了，而且不太可能忘记什么重要的东西。

2. 事件的时间线和旅程图

时间线用于记录一个人或一群人在一段时间内经历的事件或旅程。可以把它设置成一个简单的时间序列，中间是当天，两端分别是过去和未来的某一时间，以周、月、年为单位，具体取决于自己的目标。例如，可以要求受访者绘制 10 年间的度假旅行图，了解他们的生活方式是怎样不断变化的（图 4.8），或者要求人们绘制他们的健康状况图。这可以由每个人独立在一张纸上完成（最好准备一个模板），也可以让大家以团队方式通过墙上的便利贴来共同完成，这么做有助于收集对一个团体或组织的历史以及未来方向的洞察。

事件的时间线 / 旅程图

旅行时间线 记录旅行 / 假期。您去了哪里？为什么选择去那里？旅途中有哪些高光时刻？遇到了哪些问题？

图 4.8
反映 10 年旅游体验的时间线

3. 日志

日志用来要求人们记录某一事件或某一时期。日志的形式可以是书面、语音记录或视频记录。也可以要求人们在写日志的同时附上照片。日志往往能揭示人们生活中比较私密的想法和感受，比他们在采访中所说的私密得多。安迪的一位学生在关于阿尔茨海默病患者亲属[1] 的项目中用日志取得了巨大的成功。在访谈中谈及此事时，受访者往往悲伤得难以自抑，而在日志中，一位受访者写下了关于她和丈夫的社交生活中一些非常动人的洞察，她的丈夫已经初步显现出阿尔茨海默病的症状。这种自行记录的缺点是，您只能得到受访者想让您看到的内容或他们认为重要的内容，所以除非日后再次对他们进行访谈，否则无法就特定方面展开进一步的提问。

日志可以采取结构化或开放式的形式。可以把希望人们自行记录的事情列成清单，比如记录他们使用移动设备的时间和细节（图 4.9），也可以让他们在一个空白的笔记本上写下想记录的东西。结构化的表格可以帮助您对比和整理数据，但开放式表格可以为您提供更多定性的个人细节（只不过分析起来可能更费劲）。

图 4.9
相比访谈，人们在日志中透露的对个人生活的想法和感受往往要私密得多。这本结构化日志是为瑞士电信的一个研究项目撰写的，其中记录了受访者的移动设备使用情况

① 译注：推荐台湾学者伊佳奇先生的著作《趁你还记得：认知症非药物疗法与有效居家照护方案》，书中还原了他放弃大学教职后勇敢侍亲 12 年，以阿尔茨海默病患者家属的身份亲自照顾父亲的经历，还有认知症的相关知识和照护笔记。

如果时间和预算充裕的话，最好为参与者准备一本定制的日志，这是很有帮助的。日志的设计可以很简单，比如随处可见的笔记本加贴纸，或者用打印出来的模板制作一个螺旋装订的小册子。花心思整理这些精美的专业材料，会赢得参与者的认可，他们可能会更认真地对待您的项目。

4. 维恩图

维恩图是访谈和研讨会用到的实用工具，因为它适用于许多不同的主题。它是一种便于人们直观对将活动或行为进行分组的方法（图4.10）。举例来说，可以用维恩图来询问受访者在互联网上喜欢或不喜欢做什么、他们向谁寻求医疗保健建议或者网站的各个部分应该有哪些信息。

图 4.10
维恩图是一种实用的方法，人们可以直观地对活动或行为进行分组。这张图要求受访者将各种医疗保健问题分配给他们自己、他们的全科医生（GP）或专科医生，以了解人们与医疗服务之间的关系

可以事先准备好模板，也可以直接在一张白纸上画出模板，不需要任何平面设计技能就可以创建。如果制作一个大模板并挂在墙上，那么人们就可以把写有事项的便利贴贴到圆圈内。这种做法既能促进讨论，也能够使受访者随时移动便利贴。

维恩图中的选项必须能够合理地重叠起来，否则中间部分将永远填不上。重叠的区域往往揭示了项目主题的最佳切入点。

5. 品牌表

品牌表是一个简单的工具，最好总是把它随身带在包里或存在笔记本电脑上，以备访谈之需。品牌表是一张列出不同产品和服务商标的表（图4.11），其目标是发现人们使用哪些品牌、做出了什么选择以及这么做的原因。有时人们会忘记自己使用了哪些商品和服务或者他们对这些商品和服务的感受。在一年中，人们使用一些品牌的次数可能屈指可数，而另一些品牌则无处不在，导致人们对这些品牌熟视无睹。视觉材料，比如商标或关键的品牌触点（列出人们阅读的杂志、使用的网站、常去的商店等），可以作为讨论的提示并产生很棒的洞察。我敢保证，每个受访者至少都有一个相关的品牌故事，或是不愉快，或是美好。

图 4.11

品牌表有助于引导人们讲出自己如何看待之前用过的较抽象的服务

6. 相机探索

一次性相机是文化探索工具箱的一个重要组成部分（图 4.12）。可以把它交给用户，并附上一份要拍摄哪些内容的说明，有时还会要求用户为每张相片写附注。可以定制一个印有说明的纸盒包装，这样参与者就不必再带着说明到处跑了。在说明中，可以要求参与者拍摄他们的桌子、家中环境、垃圾箱、他们欣赏的人、最近的一餐和最新购买的物品等。

图 4.12
带有定制纸盒的一次性相机，
已经准备好发给研究项目的参
与者了

和日志一样，相机探索十分有用，因为人们会拍摄一些他们可能不会让调研人员拍摄的私密事物或活动。在派遣研究人员进行观察性价比不高时，相机也能够派上用场。可以向参与者发放工具包。

如果参与者之后需要把相机邮寄回来，别忘了提供一个已付邮资和收件地址的信封。如果不想花时间等一次性相机的照片冲洗，可以提供便宜的数码相机或者要求人们使用自己的手机。

鉴于几乎人人都有智能手机，并且大部分手机自带的相机都很不错，您可以简单要求人们用手机拍摄一系列照片，然后用电子邮件发给您或发布在网上。这样做的好处是可以让很多人通过电子邮件参与进来。缺点是结构化程度较低（发布照片时可能会打乱顺序，而胶片相机的照片顺序是固定的），人们很容易忘记或半途而废。大多数人都更喜欢拿着特殊的物品，所以如果提供相机的话，他们会更加重视这项任务。

7. 拍摄清单

拍摄清单通常用在进行洞察访谈时（图 4.13）。在准备和进行访谈时，拍摄受访者和他们的家或所处环境的照片非常有助于创造情境。在坐下来和受访者一起浏览拍摄清单时，人们会更乐意说出他们希望和不希望您拍摄的内容。这么做更容易获得拍摄许可，因为我们人类是社会性动物，往往希望帮助调研人员完成别人布置的任务。如果只是口头上请求许可的话，受访者更有可能认为您是想窥探隐私。

摄像

电视	音乐	电话	绿植
冰箱 & 厨房	洗衣房	住宅	垃圾桶
藏品	电脑	个人空间	共享空间

图 4.13
向受访者展示您想拍摄的物品清单，让他们有机会事先声明哪些物品可以拍摄，这样就可以避免窥探隐私的嫌疑

8. 可视化解读

有时，参与者在画出对某一事物的视觉解读时，会比语言表达更具表现力（图 4.14）。一些人不擅长绘画，这一事实反而有助于参与者摆脱常规的言语交锋和例程。这种技巧对小孩子非常奏效，并且也适合用来让参与者表达出自己的情绪。重要的是，确保人们没有"必须画得好看"的压力，让他们明白任何类型的涂鸦或画风都是可以的。在展示研究结果时，这些画可以成为很好的工件。

图 4.14
参与者的绘画和涂鸦比他们的言语更有表现力。这位参与者——塞缪尔·弗雷，安迪以前的学生——特别擅长用草图画出他对银行卡的思考，即使是简单、粗略的草图，也能传达重点

9. 物品标签

可以给参与者发放一些标签，请他们把这些标签贴到家中具有特殊属性的物品上，比如"最为宝贵"或"冲动消费"，甚至可以提供一等奖、二等奖和三等奖的绶带，请人们根据特定的标准对家中的物品进行排名（图 4.15）。

图 4.15
请受访者在他们认为重要的物品上贴标签，以此来促进对话。这位受访者在自己的电脑显示器贴有"第一名"的绶带（摄影：Lea Tschudi）

所有这些标签都是为之后的对话做铺垫和准备，对话中要讨论受访者为什么会以特殊的方式来看待某件物品。您很快就会发现，受访者开始讲述这些个人物品的故事，在这个过程中，受访者的个人价值观和信念会逐渐显现出来。

4.2.8　进行洞察研究的可行性

前面描述的方法都不算特别困难。但刚开始进行这种研究的时候，人们通常想一下子把这些方法全都试一遍。如果落入这个陷阱的话，就很容易陷入混乱，最终得到大量缺乏重点的数据。

方法是一种工具，就像其他工具一样，有时是合适的，有时则不是。如果得不到自己需要的洞察，可以尝试一下别的方法。有时您会发现，从其他学科借来的"错误"工具真的很管用，就像用螺丝刀可以轻松打开一罐油漆一样。我们要想方设法支持研究，但不要成为"方法原教旨主义者"。说到底，最重要的是得到成果及其严谨程度以及可操作性，而不是纠结于使用的是方法 A 还是方法 B。

这种实地调研需要大量的实践。如果以前从来没有做过的话，犯错是在所难免的。需要考虑的东西很多，需要做的事情也很多，没有实际经验的人很难想象。试着把一些不那么重要的访谈安排在早期，比如不属于目标群体的人，或者不介意在必要时反复进行访谈的朋友。这么做能够让您得到充分的练习和准备，日后能够自如地对只有 30 分钟空闲的 CEO 或专家进行访谈。

下面几个要点有助于访谈工作的顺利开展。

1. 准备充分

要清楚自己的目的，但如果话题朝着有趣的方向发展而稍微有些偏离主题，也没有关系。事先准备一些问题，但不要太多。要确定想涉及哪些领域和主题，并利用它们来引导谈话。访谈不要像审问一样，但如果太过紧张的话，很容易制造出审犯人那样的氛围。怎样才能不紧张呢？答案是准备充分。

2. 前往目的地

确保清楚地知道自己的目的地。找一张当地的地图（或在智能手机上安装地图或导航应用程序）。准备好对方的联系电话，手机充满电，并将其设置为静音模式。确保准时到场。如果会迟到的话，请告知对方以满足当地文化对准时程度的期望。例如，在英国和美国，到得太早可能比迟到还要糟糕。而在德国和瑞士，提前 5 分钟到达已经差不多算是迟到了。

3. 说明自己的身份

在到达后，需要进行自我介绍，并把名片递给对方，以确认自己的身份。如果是学生的话，请带上有学校导师签名的介绍信。如今，电子名片非常实惠，但最好还是印刷一些带有自己姓名和联系方式的实体名片。也应该把自己的详细联系方式告知受访者，因为受访者有权随时要求撤回自己个人信息。在开始访谈之前，简要介绍自己的组织、访谈的整体主题和目的以及下一步如何处理所收集的数据。

4. 拍摄

拍摄过程可以引发新的对话，而如果只是提问的话，这些对话可能不会发生。拍摄房间的全景图可以帮助记录许多在单独拍照时可能错过的东西。请受访者指出哪些有趣的东西是您应该拍摄的，这会很有帮助。从受访者认为哪些东西比较重要或有价值中，可以得到对他们的洞察。

使用哪种相机可能很值得重视。如果相机太大且看起来过于专业的话，可能会吓到受访者。通常情况下，高清的小型数码相机和手机摄像头是个不错的组合（智能手机的摄像头或许足够高清，但在光线不好的情况下往往表现较差）。重要的是要把摄像的原因告知受访者，并说明这些照片将如何使用。如果受访者希望您不要拍摄一些东西的话，千万不要勉强他们。对他们表示理解，但尽量在脑海中记住这些东西，然后在访谈结束后，趁着还有印象，立即把它们记录下来。

5. 材料

带上要让受访者填写或讨论的材料，以便进一步促成对话能够顺利进行。请受访者完成一个简单的书面任务，它不仅是能够保存和参考的记录，还可以起到破冰的作用。受访者参与任务时可能会提出问题，从而引出新的有趣的话题。

要让材料在一定程度上显得比较粗糙。举例来说，网站的草图比模拟屏幕的完美印刷版更能引发开放的评论。当人们看到打印出来的模拟屏幕时，往往会认为设计已经定稿，而草图显然是一个半成品，可以得到更多建设性的批评意见。

在制作供人们访谈后使用的材料（比如相机或日志）时，需要在专业和业余之间取得适当的平衡。如果准备的材料太过完美，受访者可能舍不得用。如果材料过于普通（比如商店买的空白记事本），又可能被他们忽视。

6. 穿着得体

有时，休闲一点比精心打扮更合适。在登门拜访时，西装革履可能不是个好的选择，这样太过正式了，会让人觉得不自在，并影响他们回答问题。同样，在银行经理的办公场所对他们进行访谈时，不修边幅，穿牛仔裤和 T 恤衫，也很不合适。

我们发现，登门拜访时，穿便装的效果很好，而在正式场合下，还是穿正装。虽然下面这句话听着可能像是您妈妈的唠叨，但我们不得不提醒一句："就算是家访，也要穿上好袜子！"在进入某人的家时，他们可能会让您脱鞋，而有破洞的袜子可不是一个好的开始。

如果要在受访者工作时对他们进行"影子跟随"，那么最好穿得和他们一样（图 4.16）。如果是在要求穿制服的组织内进行调研，最好穿上他们的制服。能否这样做取决于合作的组织，但这么做非常有助于让其他穿制服的工作人员与您产生联结。不过，请记住，您现在代表的是委托方公司，尤其是当您要与消费者直接接触的时候，请务必认真对待。

顾客（消费者）并不知道您不是工作人员，因而可能会向您寻求帮助。如果他们的问题超出了"卫生间在哪里"这类简单问题的范畴，您可能要解释说自己是来做调研的，并礼貌地把他 / 她带到实际工作人员那里。

图 4.16

在医院进行洞察研究时，本穿上了工作服。采用"影子跟随"方法的研究人员需要穿上合适的衣服，融入周遭的环境

7. 授权协议书

确保受访者已经签署事先准备好的授权协议书。通常情况下，这应该在访谈开始时就完成，不过，在访谈结束时最好再检查一遍，在一些即兴访谈调研中（比如想要捕捉即时反应的活动），这件事可能只能事后完成。授权协议书是委托机构和受访者之间的协议，其中声明受访者已经同意使用他或她的意见。授权协议书中还应该说明访谈材料的用途以及保密程度。建议携带两份该文件的副本，一份留给受访者保留，一份自己留作记录。

8. 奖励措施

有些时候，根据研究主题的不同，最好采取一些奖励措施。对于某些项目，比如与健康问题或当地社区有关的项目，人们可能愿意免费提供帮助。对于一些商业化更浓的项目，奖励措施有助于确保受访者认真对待访谈。奖励措施可以是现金、代金券或其他福利。请确保受访者签署一些文件，声明他们已经收到了奖励（这可以写入是授权协议书中）。

9. 表示感谢

相当重要的一点是，访谈结束时要及时表达感谢，并让受访者知道他们对项目做出了多么宝贵的贡献。许多人想知道为什么您对他们的生活如此感兴趣。他们可能认为自己只是说了一些再平常不过的事实。所以，让他们知道这些信息是多么的有趣和有用，将为访谈画上一个完美的句号。

4.3 洞察的整理和呈现

在第 5 章中，我们将详细介绍绘制服务生态和服务设计蓝图的过程，我们将开始通过这些手段来可视化和理解服务的复杂性，并掌握数据的内涵。我们收集到的洞察将融入这一过程，但首先需要把收集到的数据整合成一种可供展示和讨论的形式。[①]

我们可以使用的都是设计领域中的标准形式，比如便利贴、白板草图、贴在墙上的打印文件以及数字化工具和更正式的展示形式。下面介绍我们认为非常实用的三种处理洞察研究结果的方法。

4.3.1 洞察博客

在进行大型洞察研究项目或委托方需要快速的洞察反馈时，博客是必不可少的。博客提供了完整的访谈或其他洞察研究的记录，委托方可以轻松地查看并理解。博客可以把项目分享给整个公司，能够促进其长期发展（图 4.17）。事实证明，把博客用作记录档案也是很有用的，而且如果是在线下使用，通常可以用一些常见的格式将其导出。

---

① 关于这个问题，可参阅乔恩·科尔恩的 *Exposing the Magic of Design: A Practitioner's Guide to the Methods and Theory of Synthesis* (New York: Oxford University Press, 2011)。

博客可以在内网或外网服务器上快速建立，并且多位研究人员能够方便地进行更新。这对涉及全国范围或国际范围的项目特别有用，因为分散于各地的研究人员都是独立收集数据。甚至可以建立一个模板，让研究人员采用统一的形式并上传数据，这有助于为定性数据增添一致性，更易于比较。

图 4.17
洞察博客是整理、展示和分享数据的实用方法

4.3.2 洞察展示板

洞察展示板可以用来以真实受访者为基础展示洞察，这样就不必凭空虚构人物了。重点在于，每块展示板上都要有照片，以帮助人们与受访者产生联结。

展示板要有三个阅读层次：一条标题引语、一系列关键洞察（有引文作为支持）和一大段叙述性文本（图4.18）。展示板经常用来在与委托方共同开展的研讨会上展示洞察，它有助于人们思考改进和创新。顺带一提，洞察博客也经常使用类似的格式，也就是包含标题引语、关键洞察和文本，不过博客文章中可以囊括的细节比实体展示板多得多。但话又说回来，在研讨会上，实体展示板比投影仪上的电子版更实用，因为投影仪一次只能显示一张图片。展示板却一直都在那里，便于参与者随时参考并从中获得灵感。

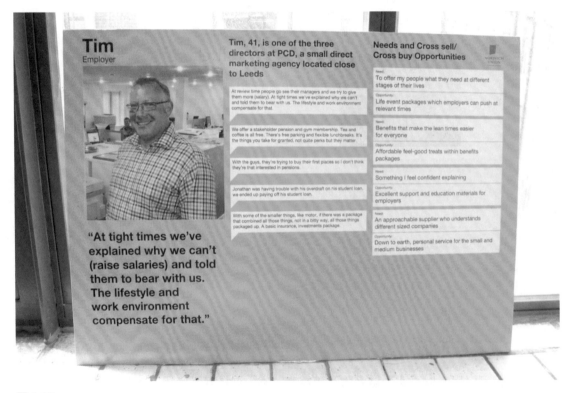

图 4.18
把洞察印在大的展示板上，用来展示研究所获得的洞察，也可以用来在研讨会上激发参与者的灵感

4.3.3　客户研讨会

在研讨会环境中展示洞察是帮助客户（委托方）理解研究成果的好方法。大家可以一起发现需求和机会，并利用这些洞察作为灵感，想出新的点子（通常以草图的形式）。这向客户展示了这种研究的价值，并使他们能在早期就参与设计过程中，如此一来，之后就能更轻松地解释设计方案了。

客户研讨会的理想规模是 6 到 12 人。人数更多并不意味着想法会更好，因为人们可能会拉帮结派，或者一些参与者可能会被孤立。另一方面，如果一个项目需要把不同团队的人聚集在一起，那么研讨会的规模可能就需要扩大。在这种情况下，需要把原先的团队打散重组，以免出现抱团的现象，并且，还需要更多引导师和助手来为各组提供指导（图 4.19）。在某些情况下，可以让委托方和消费者共同参加研讨会，以探索如何改善服务或对一些新的建议或原型进行测试。

图 4.19

客户研讨会可以帮助人们发现需求、机会和新的想法。这是一个大型研讨会，由不同利益相关者组成的混合团队来引导

我们为用户研讨会准备工作提出的建议同样适用于客户研讨会的准备工作。虽然并不是每次都行，但请尽量找个客户办公地点之外的场所举办研讨会。当人们离开日常工作环境时，往往能更有创造性地思考。做好充分准备！从某种意义上讲，客户研讨会的风险更高，因为您是在进行展示，但这也意味着可以趁此机会让客户了解自己的工作和成果，并让他们参与进来——其他许多学科的设计师并没有这样的机会。

小结

如果说服务设计关注的是人和人与人之间的关系，那么我们就需要找出人们行为背后的动机。服务设计的洞察研究方法在很大程度上借鉴了人类学、社会学和以人为本的设计思想。不过，还有其他一些方法是专门针对服务设计的。探索洞察的深入程度将取决于预算，但低级（人们说了什么）、中级（我们看到了什么）和高级（它意味着什么）这三个级别是确定工作方向的好方法。需要向设计团队的其他成员或委托方清楚地介绍自己的研究和洞察。如果以前没有做过这种研究的话，那么学习曲线可能会比较陡峭，但通常也是让人非常"上头"的。关键是要做好准备。

洞察研究检查清单

准备携带以下物料：
* 笔记本和笔
* 相机或有拍照功能的手机
* 录音笔或录像机
* 授权协议书／收据
* 名片（用来证明身份）
* 奖励
* 采访话题指南

需要记住以下事项：

- 是否准备了一份关键话题清单？
- 手机和相机充好电了吗？
- 知道自己的目的地吗？
- 已经想好如何往返了吗？
- 有受访者的联系电话吗？他们是否知道您要去做访谈？
- 是否有其他人知道您要去哪里？
- 您的穿着是否得体？

下面这些问题可以帮助您了解受访者的个人背景。当您想要了解对方的大致动机和观点时，这些问题可以帮助您跳出话题进行思考：

- 可以讲讲您的家庭情况吗？
- 可以讲讲您的工作吗？
- 您是怎样度过上个周末的？
- 您昨天做了什么？
- 您昨晚吃了什么？
- 您昨天和哪些人说过话？

习题

1. 洞察分析报告有哪三个层次？

2. 洞察收集方法有哪些？

3. 洞察的整理和呈现有哪些方式？

第 5 章

描绘服务生态

在开始为一个项目收集洞察和其他背景资料时，需要以某种方式对这些信息进行结构化处理。在本章中，我们将讨论服务蓝图的作用。在触点之间的交互随着时间的推移而展开时，服务蓝图可以帮助结构化、设计和调整这些交互。不过，先了解服务运行的背景有时是必须的，而这通常十分复杂。这可以通过服务生态图来描绘。服务生态图以系统的方式显示受到服务影响的所有参与者以及他们之间的关系。

服务生态图可以相当简单，举例来说，它可以是一张示意图，显示客户如何使用网站和客服中心来解决问题。它也可以十分复杂，举例来说，它可以用来绘制错综复杂的系统，比如公共交通系统或降低失业率的模型。

在服务生态中，基本参与者是对消费者（或服务使用者）有承诺的企业、通过不同渠道交付承诺的代理商以及将价值回馈给企业的消费者（图 5.1）。

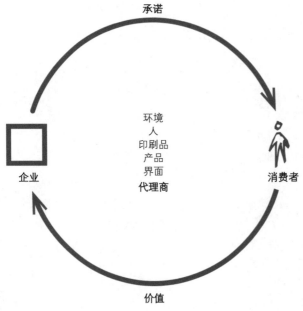

图 5.1

消费者 - 企业的基本服务生态图。企业对消费者有承诺，其代理商通过不同的渠道交付承诺。消费者回馈价值（通常以金钱的形式）

从品牌的角度来看，企业对服务对象做出承诺并期望得到价值回报，无论是通过付款、税收还是劳动。例如，移动服务提供商向消费者提供通话时间和数据，以收取话费；城市向市民提供街道照明和垃圾清理，以换取税收；员工为雇主提供劳动力，以换取工资。顺带一提，我们在谈论"企业"和"品牌"时，既可能是在商业服务的背景下，也可能是在非营利 / 公益服务的背景下。

然而，企业本身并不向人们交付体验和实际的使用，而是由那些通过渠道和触点直接接触用户的代理商来交付。渠道是整个媒介，包括电子邮件、电话和面对面交流，而触点则是某一渠道中的某次互动，比如一次电话或电子邮件交流。因此，一位客户可能会在一个或多个渠道中与多个触点进行互动。企业的作用是向代理商提供必要的工具和基础设施，使其能够交付良好的服务体验。

用"生态"来比喻服务，不仅是因为服务的复杂性通常可以类比于自然界中的系统。把服务看作生态也强调了一个观点，那就是服务中的所有参与者都在交换某种价值。当消费者在网上付款时，是为银行节省开支并享受到了正常营业时间之外使用银行服务的便利。用户在浏览一个简单的网页时，留下的数据能被用来改善网站，并且用户在下次访问网站时不需要再次填写大量信息。健康的生态环境能实现共业共赢，让每个人都受益，而不只是让价值单向流动。

最常见的机会丧失是指企业没有把消费者视为可以反过来为服务提供价值的资源。消费者通常很乐意提供体力、脑力和数据，如果这么做可以帮助他们获得更优结果的话。一旦消费者对结果有了贡献，他们与品牌之间的联系肯定会更加紧密。

企业可以做得更多，以帮助消费者向他们自己和其他服务对象回馈价值。一般来说，服务对象和企业之间的关系是单向的。纳税人在截止日期后才提交报税表的话，可能会被罚款。然而，税务局可能花上好几个月来完成自己的本职工作，却不受任何处罚。如果旅客买了廉价航空的机票并在办理登机手续时晚了 5 分钟，可能无法登机或不得不支付高额的附加费用（而且工作人员的态度往往很差）。然而，如果航班晚点而导致旅客错过转机，却被认为是旅客运气不好。

如果不以沟通渠道的形式提供资源来让服务对象向企业回馈价值，将有非常大的风险。互联网让人们有能力轻松创建论坛来表达个人的观点和经验，这些论坛完全在企业的控制范围之外，而且负面的声音居多。自组织价值交流渠道的典型案例是，组织诚然可以阵脚大乱，把这些声音视为丧失支配权和控制权的体现，但也可以将其视为有价值的反馈并加以利用。毕竟，花钱请人做洞察研究的主要目的就是了解这些观点、信念和动机。从一开始就将其纳入服务生态是很重要的。

一个更详细的服务关系模型包含更多交换关系（图 5.2）。当代理商通过各种渠道的活动向客户交付实际使用和体验时，对客户做出的承诺就得到了兑现，这在服务设计中称为"前台"。客户通过合作、提供信息和反馈以及支付服务费用，来向企业回馈附加价值。

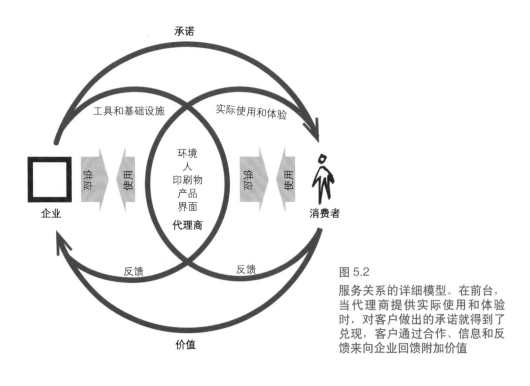

图 5.2
服务关系的详细模型。在前台，当代理商提供实际使用和体验时，对客户做出的承诺就得到了兑现，客户通过合作、信息和反馈来向企业回馈附加价值

从企业的角度来看，代理商需要"后台"（也就是工具和基础设施）来向客户提供实际使用和体验。这些工具提供数据形式的反馈，可以用于监督和改善服务。所有这些流程都需要经过精心设计，才能提供优质的服务。

将服务比作生态的最后一个原因是，和自然界一样，服务中的参与者在不断地改变和进化。比如，像亚马逊和 eBay 这样的电商，会根据消费者的数据频繁地对界面进行小幅调整，而由人提供的服务也会根据提供者的变化而变化。这意味着服务的设计需要有足够的弹性来应对机制上的不断变化。共同设计和委托方的深度参与在整个过程中非常重要，原因之一是，员工需要学习这些工具，以便可以在不需要服务设计师帮忙的情况下做一些小的调整。管理层需要员工具有责任感和灵活度，能够根据环境的不同做出相应的改变。

5.1 为什么要绘制服务生态图

图 5.2 中的例子非常简单，但如果将背景和所有参与者都纳入考量，那么情况就会变得错综复杂起来。设计出完整的生态系统是不可能的，因此服务生态图在设计项目的早期阶段尤其有用，它让您能够为理想的工作空间建立一个整体的概览。

服务生态图主要有以下几个目的：
1. 确定服务参与者和利益相关者
2. 调查作为服务的组成部分或者影响着服务的关系
3. 通过重新组织参与者的合作方式来产生新的服务概念

绘制服务生态图的活动在客户研讨会上是非常有效的，它是扩展项目空间的一种手段。它可以帮助人们跳出自己的业务或组织关注的问题，以更宏观的视角洞察他们正在做的事情如何融入人们的生活和社会。同时，不要太沉浸于绘图活动本身。服务生态可以无限地扩大，如果不专注于寻找想要得到的结果，那么可能会在绘制出整个世界的服务生态图后还是一头雾水。确定生态图的边界非常重要，以免无限延伸。生态图的一部分范围是通过项目的战略目标、预算、影响范围等来确定的，而在绘制的过程中，边界也会变得越发清晰。

图 5.3 描绘了意大利汽车厂商菲亚特潜在的共享汽车服务生态，并通过一系列层次可视化来展示项目的范围，使设计团队能够专注于服务的基本关系。中心描述的是司机和汽车之间的关系，然后向外扩展到乘客、其他汽车、其他服务、社区，最后是地球。看到了吗？很容易扩展到这种程度。

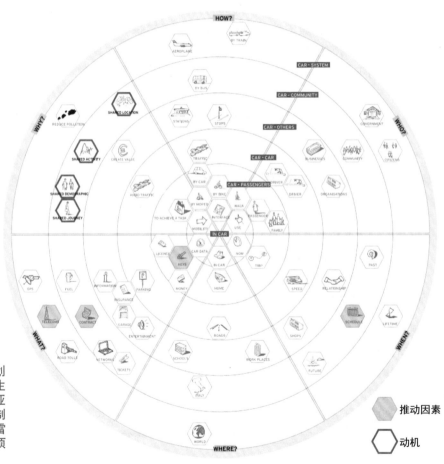

图 5.3

参与新的共享汽车计划或受其影响的参与者生态图。这张图是为菲亚特"未来设计小组"制作的，是意大利伊夫雷亚交互设计学院某个项目中的一环这张服务生态图的设计使用了印在蜂窝状卡片上的图标，使项目成员能够以不同的方式将服务参与者组合起来，产生服务概念。例如，将社区与汽车组合起来，就揭示了一种潜在的商业模式，即一个小镇可以为菲亚特的共享汽车服务付费，以向小镇居民提供更灵活的交通方式。相比标准的长方形卡片而言，六角形卡片可以使更多元素相互连接，但在大部分时候，在白板上贴一组记事贴就足够了。

最终，这个项目诞生了一些设计方案，比如重新设计车钥匙以便多名用户可以共享同一辆汽车，还有，汽车的电子系统与公共交通信息整合到一起，以便共享汽车俱乐部的成员不必花时间等公交，而是可以直接搭顺风车（图 5.4）。

图 5.4
概念图：将共享汽车
与公共交通信息整合
到一起

绘制服务生态图有助于发现不同服务之间潜在的关联。在这种早期阶段快速做一些概念模型，也能帮助人们想象服务在现实中可能是什么样子。它还能使人们开始思考细节问题，例如图 5.4 所展示的由系统带来的隐私问题或者许多人都持有同一辆车的钥匙可能造成什么样的后果。具体化体验和服务主张有助于凸显这些细节。我们将在第 7 章的体验原型设计部分深入讨论这个问题。

5.2　网络化社会

1970 年左右，也就是本书几位作者陆续出生的时候，发达国家已经开始从工业化社会转向网络化社会。自那以来，组织中的严格等级制度逐渐分崩离析，转而倾向于采用单位更小、更自主、更协作的模式。同时，网络技术的发展速度也在不断加快。这两个社会以及技术方面的趋势虽然不一定是由相同的原因驱动的，但它们相辅相成，搭建了崭新的服务交付平台。[①]

上世纪九十年代，服务设计作为一门严谨的设计学科而崛起，而这些平台的成熟为之奠定了基础。这是一门根本上由网络来驱动的学科。这也说明了为什么设计师要研究复杂的交通、银行和医疗系统，而不仅仅是客户服务或单个产品或触点。

这些系统呈现出的复杂性与工业化产品不同。工业化产品要求设计师处理许多活动部件，而服务则要求我们设计一个系统，这个系统需要能够很好地适应所有不断变化的环节。网络、组织和技术日新月异，但服务仍然需要提供稳定的客户体验。

无论需要处理的是"多渠道体验""Web 3.0"还是其他新的趋势，服务设计提供的工具和模型都能帮助您进行复杂的设计。

与触点设计有关的学科并不少，有平面设计、用户体验设计、产品设计、交互设计、信息架构和消费体验设计，等等。这些学科在交付服务触点的过程中仍然是必不可少的。但这个事实引出了一个问题："为什么服务体验中的许多环节看似设计得都很好，但整个服务体验本身却偏偏如此糟糕？"

5.3　方框与箭头：寻找无形的联系

太多的服务设计不当，原因之一是，时间和场景这些看不见的元素被忽视，而这两者都是服务体验的关键。

---

① 若想查看对这些社会变化的详细介绍，请参见曼纽尔·卡斯特（拥有 24 个博士荣誉学位）的著作，中译本有《网络社会的崛起》和《信息时代：经济、社会与文化》。

组织结构图和流程图中的箭头和连线通常代表着时间、场景和联系。问题在于，箭头和连线在图表中太过常见以至于被忽略了。人们很容易把设计的重点放在方框上，因为它们代表着有形的触点（网站、售票机等），大多数人都忘记了考虑设计箭头的体验，而箭头代表着从一个触点过渡到下一个触点。然而，这些连接点包含着构成良好体验的一些最重要的元素，因为它们标志着时间和空间的移动。这就像公司花了很多钱来建造金碧辉煌的塔楼和城市，但塔楼和城市之间却只有泥泞不堪的土路。要知道，人们的很多时间都是花在路上的。

组织内部的筒仓可能会对积极的服务体验造成阻碍，因为不同筒仓元素之间看似微小的裂缝，比如网店和地面店所提供的商品不一致，很快就会变成足以割裂服务体验的鸿沟。

服务尤其如此，因为它们通常是随着时间的推移来展开的。以商品为例，客户购买一次后可能会多次使用，而和商品不同的是，服务是一种基于时间的体验过程。一次酒店住宿由许多不同渠道的体验组成，比如：在网上搜索酒店、预订房间、客房枕头上的巧克力和办理退房手续等。坐飞机，甚至只是购买机票，都是随着时间的推移而展开的。长期服务，比如医疗、金融和保险，甚至影响着人们的一生。

所有服务体验都是某种交互的产物。比较显而易见的交互是各种触点，比如物品交互、界面交互和人际交互。不那么明显的则是以往的经历和信念之间的交互。比如，人们因为童年的经历而对牙医产生了恐惧，因为在一家烂酒店吃了一顿难吃的饭而再也不去这个国家旅游，或者病患、护理人员和医务工作者在医疗服务中所表现出来的各种人情世故。

服务体验也受到时间和地点的影响，相较于在恰当的时机交付普通的服务，在错误的时间交付最棒的服务在服务设计上可能更为失败。想象一下，一对夫妇正在餐厅里享用晚餐，当他们正想说会儿悄悄话的时候，这种浪漫的氛围却被小提琴手激

案例：全家人乘坐飞机穿越大西洋，服务裂缝是如何造成体验鸿沟的

叙述糟糕的服务体验故事时，很难让自己听起来不像是个坏脾气的老头。然而，我（拉夫兰斯）试图为我的家人预订航班这个故事就是一个非常好的案例，可以用来说明服务体验中的几个小裂缝是如何造成体验鸿沟的。

在我和家人从纽约飞往奥斯陆的两个月前，我坐在电脑前准备为三个成年人、一个四岁的孩子和一个六个月大的婴儿订机票。

1. 网站与客服中心之间的裂缝

在航空公司的网站上，不允许我为一岁以下的孩子订票，他们也许是想让我们乘机的时候把孩子放在大人腿上，所以用不着给孩子买机票？无论怎样，为了能够安然飞过太平洋，我觉得还是有必要给孩子订一个座位，所以我拨通了客服电话。客服人员表示没问题，只要再订一张一岁孩子的票就可以了，就算与乘客的实际信息不符也没关系。

于是，我又回到网站的预订流程，系统给我分配的座位零散地分布在机舱中。我当时无法更改座位，所以放松警惕，计划等到飞行前 24 小时可以办理登机手续时再在网上进行更改。

昂的演奏打破；或者亲人刚刚去世的时候，热心的护士却端来一顿丰盛的大餐。[①]最舒适的服务体验就像是理想中斟葡萄酒的服务员——在需要的时候适时出现，在不需要的时候则藏形匿影。

设计服务时，很重要的一点是理解背景，这也是服务设计区别于许多设计师所理解的 UCD（以用户为中心的设计）方法的地方。根据我们在用户体验设计和交互设计方面的经验，这些过程往往专注于数字化的、屏幕上独立的触点。这绝不是在批评这些学科——我们都有相关经验，并且把这些学科的流程和方法用作服务设计调色

---

① 译注：深圳大学哀伤与疗愈实验室的"丧亲适应的影响因素调查"，可以扫码了解一下。

2. 网站与系统错误之间的裂缝

不幸的是，在网上办理登机手续时，我仍然不能更改座位。事实上，在试图改座位时，我们原来的座位没了，我的名下一个座位也没有了。我开始担忧我们是否能坐上这趟航班了。我想象了一下到机场后会是什么样子：我与工作人员争执；工作人员与电脑系统搏斗；我的手臂上挂着一个哇哇大哭的婴儿；身边站着怒气冲天的妻子。

3. 网站与客服中心之间的裂缝

我决心要控制住事态，于是拨打了客服电话。虽然这位富有同理心的客服代表尽了最大的努力试图重新为我们分配座位，但还是没有成功。他解释说，他访问系统的权限和我在网上拥有的权限一样，因此无法为我分配座位。他向我保证，机场的值机人员肯定可以处理好这个问题，而且他们总是有办法确保一家人能够坐在一起。"只要您能确保早点到那里就行。"他提醒道。我半信半疑，但觉得有必要准备一个备用计划。我查询了其他航班、过夜地点和租车服务的相关信息。

板的一部分。这更多的是对用户体验设计和交互设计的相关领域的一个观察。

正如我们在第 2 章中提到的那样，服务通常是在各个筒仓中创建的，并且它给人带来的体验是割裂的。让一些公司从忽视客户的筒仓式管理转变为以客户为中心，已经是一个巨大的进步了。这些公司甚至可能使用类似图 2.3 的图表。

牢记这一点之后，不同的学科和部门就能放心地认为他们理解并关注到了客户体验。网站和移动团队可以研究各自的触点，精心设计，采取有力的用户体验方法并进行论证，但筒仓真的被打破了吗？如果再看一下图 2.3，可以发现如果忽视连线（连接各个渠道的箭头），筒仓仍然是存在的，只不过被摆放成了一个圆。

案例：全家人乘坐飞机穿越大西洋，服务裂缝是如何造成体验鸿沟的（续）

4. 丈夫与妻子的预期之间的裂缝

此时，我感觉有必要把这个可能发生的问题告诉我的妻子。她知道了这些不确定因素，有一个合理的预期后，我们就能够共同处理潜在的问题了。任何一个带着孩子乘坐过长途航班的人都能体会到在国际机场航站楼停留 48 小时是多么令人绝望。像所有参与这一过程的其他人一样，我的妻子决心尽自己最大的努力来处理这一情况。

5. 客服中心的员工与值机人员之间的裂缝

第二天，我们来到机场，而我的怀疑得到了证实。我们按照要求提前到达了，但在登机口准备登机前，值机柜台不能给我们指定座位，所以我们还是没有座位，就只好坐下来等。好在我们机票在手，而且他们已经托运了我们的行李，所以我们相当肯定自己能上飞机。他们甚至为我们免费托运了额外的行李。

登机员工与电脑系统之间的裂缝

在机场盯着不断变化的登机口看了几个小时后，我得知我们的飞机已经停好，负责登机的员工已经在登机口就位。我抱着孩子狂奔过去，确保自己能够在登机员工忙得晕头转向之前第一个给他们制造麻烦。

无缝服务体验的关键在于了解用户是在什么场景中与触点和服务交互。一个正面案例——或者说是反面案例——是德国的火车售票机。在近期的升级之后，屏幕的图形设计得到了优化，但由于新增动画和显示所造成的额外开销，整体的交互流程变慢了，因此反而不如以前。在设计工作室的情境中，这个交互流程可能还算合理，但在需要赶火车并急着买票的场景下，这简直是一场灾难。另一个场景是机器本身通常由第三方机构设计和维护。即使设计师和研究人员清楚地知道售票机有问题，提供和维护这些机器的公司通常仍然会以 IT 支持问题为由而拒绝做出更改。设计团

登机员工友善地接待了我，并明确表示他们非常理解这件事需要得到优先处理，因为我是带着孩子在旅行。不幸的是，这两名员工为了如何处理电脑而争论不休。其中一名员工宣称自己知道蒙骗系统的最佳手段，他能够让我们一家人坐到一起。

他们让我在一旁的座位上稍作等待，等他们准备好了之后把我们的票拿过来。人工服务最终赢得了胜利，几分钟后，登机员工微笑着把票拿了过来——我们一家人的座位换到一起了。

就这样，一整天的焦虑和对可能的种种备案，迎来了一个皆大欢喜的结局。然而，为了取得我一开始期望的结果，我们消耗了许多额外的精力，还承受了本来不该有的巨大压力。

6. 我们能从这个故事中学到什么？

◦ 从航旅服务供应商的角度来看，筒仓之间的裂缝看似微不可见，但对客户来说，这些裂缝逐渐扩大，日积月累，造成了体验上的鸿沟。站在客户的角度并将筒仓连接到一起的服务设计方法可以扭转乾坤。

◦ 员工通常会竭尽所能，但他们的工作系统却往往妨碍着他们完成工作。

◦ 抱着孩子处理问题会赢得人们的加倍重视，但本不该如此。

队唯一能改就只有图，他们甚至不可以修改布局。

许多公司都有网上（本质上是邮购）商店，也有实体店。他们可能会在网上提供实体店里没有的特殊优惠，有些实体店是官方的，另一些则是特许经营或经销商，这种情况在电信业和保险业中十分常见。然而，消费者在体验这些产品时——或者在期望能体验这些产品时——会将它们视作同一个品牌，他们要么不理解其中的差异，要么因为这些差异而感到失望。例如，为什么实体店不提供网上的手机套餐？这些差异通常有个"合理"的商业理由——线上的交易基本上是全自助的，为公司省去了人工费用——但对消费者来说，这一系列差异会使不满情绪日积月累，最终导致糟糕的整体服务体验。

5.4 从生态图到服务蓝图

服务生态图为我们提供服务所处生态系统的鸟瞰视角，洞察研究则为我们提供来自利益相关者的自下而上的视角。正如拉夫兰斯在故事中说明的那样，真正需要下功夫的是整体上的丝滑与协调一致，并勾勒过渡元素，这些元素把设计工作融为一体，创造无缝（在理想情况下）的服务体验。如果把图 2.1 中的传统管理模式旋转 90 度，可以看到非常有趣的事——客户/用户在顶部，企业在底部，而所有互动渠道都在两者之间（图 5.5）。这就是服务蓝图的起点。

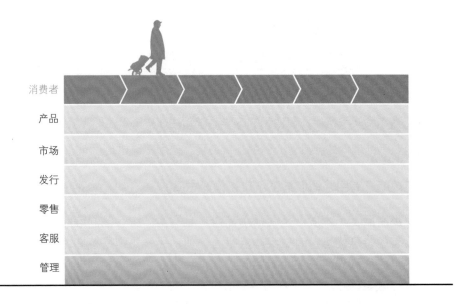

图 5.5
将组织的传统筒仓模式旋转 90 度并以客户旅程的视角进行观察，能够充分连接各个环节并提供一致的客户体验

5.5 服务蓝图

连接服务体验中的所有触点并统一组织所有利益相关者的需求和愿望，是非常复杂的事情，这时就该服务蓝图登场了。

G. 琳恩·肖斯塔克开创了服务蓝图的概念并在20世纪80年代早期提出了这一术语，她当时是美国花旗银行的副总裁。[①] 肖斯塔克开发服务蓝图的目的是用它来规划运营服务的相关成本和收入，她的早期版本看起来和流程图非常相似（图 5.6）。

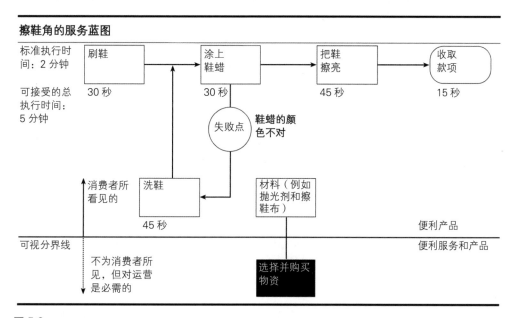

图 5.6
服务蓝图的一个早期示例

---

① 参见 G. Lynn Shostack, "How to Design a Service," *European Journal of Marketing* 16, no. 1 (1982):49–63; and "Designing Services That Deliver," *Harvard Business Review* 62, no. 1 (1984): 133–39。

图 5.6 所展示的例子虽然只是一个简单的擦鞋服务，但它引入了两个关键要素：消费者体验服务的时间以及可视化的分界线（消费者看到的一切）。实际上，它是消费者"体验"到的一切，因为难闻的气味或嘈杂的声音也很容易破坏消费者的体验。

其他设计师在自己的模型中把可见视化的分界线扩展成"外部交互"线（所有与"消费者"交互的）和"内部交互"线（所有与服务提供商交互的）。

肖斯塔克的可视化分界线已经转变成"前台 / 后台"的比喻，在这个比喻中，消费者所经历的所有事都是在前台发生的（对这个比喻来说，"舞台上"可能更为合适），而在幕后使这些事发生的一切都属于后台。

如今，服务设计经常使用管弦乐或戏剧来进行类比。服务设计师之所以喜欢把自己比作指挥家或导演，可能只是因为他们想要以自己为中心，而并非出于对成效的考虑。然而，将服务比作管弦乐或戏剧作品是一个有价值的比喻，也让设计师多了一种非传统角色的选择。服务更像是表演，而不是生产或制造。

举例来说，"布景"的概念——或者说服务场景的搭建——就非常重要，因为它让我们能够思考工作人员和用户互动的场景。它还提醒我们，要想表演取得成功，后台的工作必须顺利进行。

在传统戏剧中，演员有清晰的角色定位，而且他们的目标一开始就很明确。增添戏剧性的是演员们如何面对障碍和克服困难。正如传统戏剧中的角色、动机和目标，工作人员和消费者都有希望实现的具体目标，而服务体验正是他们互相帮助并达成皆大欢喜的结局的过程。

最后，戏剧中的道具在服务设计中等同于触点。它们是人们在叙事过程中使用的物理要素，对戏剧情节的展开起着至关重要的作用。

一个典型的例子是酒店提供的住宿服务。酒店的客人往往看不到清洁人员打扫和整理房间的过程（后台），只会看到结果（前台）。通常情况下，进行过这种后台活动的某种证据会在前台中展现，比如，酒店卫生间中折角的卫生纸表明房间已经得到了清理。

戏剧的比喻确实有一定的局限性。在现实生活中，人们并不会按照剧本来采取行动。我们都知道，当人们提供或使用一项服务时，意外情况必然会发生。服务的开始时间和结束时间并不固定，并且服务对象往往无法"读懂他们的台词"，服务提供者也极少能完全掌控自己所处的环境。

使用戏剧比喻最有价值的方式是把服务看作即兴表演。如果为用户和工作人员提供一个良好的互动舞台，并给他们明确的角色定位、清晰的目标和必要的道具，人们就可能充分利用这些条件，共同创造出美好的服务体验。

舞台的比喻可能是把组织的活动与"客户"体验结合起来的有效方式，这里之所以给客户两个字加上了引号，是因为服务的结构并不总是只有客户和服务提供者这么简单。另一种处理蓝图的方式是将每个人，甚至每个非人类参与者（通常是计算机）视为一个角色，并绘制出它们在所有触点上的互动关系。

多年以来，服务设计师已经把服务蓝图开发成了一个更加全面的工具，目的是把客户和服务利益相关者置于服务设计和创新项目的中心。随着服务设计师越发深入地参与委托方的流程帮助他们理清服务交付系统，服务设计逐渐成为了委托方业务和运营的核心。

服务蓝图由以下三个部分组成：

- *客户旅程*——一个阶段接另一个阶段，一个步骤接另一个步骤
- *触点*——一个渠道接另一个渠道，一个触点接另一个触点
- *后台流程*——一个利益相关者接另一个利益相关者，一个行动接另一个行动

图 5.7 展示了一个典型的服务蓝图模板。

好消息是，服务蓝图是一个极其有用的工具，它有助于捕捉整体情况和相互联系，它也是规划项目以及将服务设计决策与研究取得的原始洞察联系起来的一种方式。服务蓝图与服务生态图不同，它包括服务本身的元素、体验和交付的具体细节，而

服务生态图则以更高的层次描绘服务，显示服务整体上与其他服务及其周遭环境之间的关系。

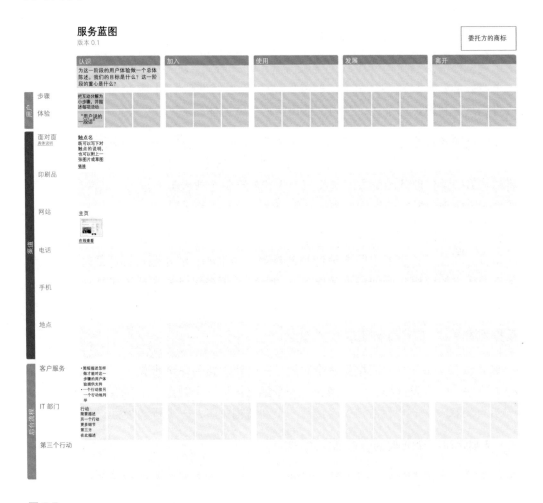

图 5.7

一个典型的服务蓝图模板，顶端是客户旅程的各个阶段，包括：认识、参与、使用、发展、离开，中间是各种触点渠道，底部是后台活动。作为示例，图中已经填入了几个触点

坏消息是，和工程或建筑蓝图不同，服务蓝图没有一个通用或标准的模板，也没有普遍认同的术语和视觉语言。安迪参与过瑞士卢塞恩大学的一个研究项目，该项目研究了一系列蓝图。研究小组发现，每个组织所创建的蓝图都有不同的风格。[①] 即使是在同一家公司，蓝图的设计和内容方面也有不一样的地方，有时需要添加额外的渠道，有时要增加或减少一些阶段，这些都取决于具体的项目及其目的（图5.8）。

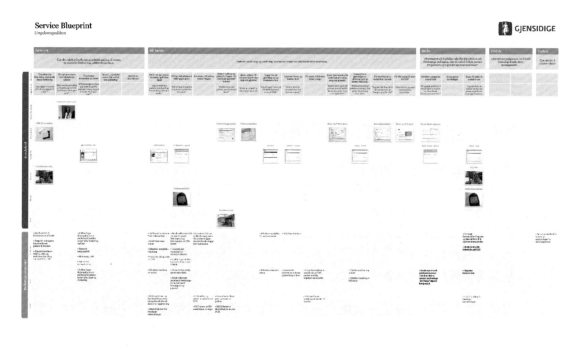

图 5.8
包含许多触点的服务蓝图示例。为了适应很多更为详细的步骤，第二阶段得到了扩展

① 参见 Andy Polaine, "Blueprint+: Developing a Tool for Service Design," Service Design Network conference, October 27, 2009, Madeira, www.slideshare.net/apolaine/blueprint-developing-a-tool-for-service-design。

然而，它们的基本原则是相同的。从本质上讲，我们的目的是跨越所有相关的沟通和互动渠道，跟踪所有参与服务使用和交付过程的人，以此来绘制服务生态图。我们绘制了这些事物随时间的推移而展开的过程，并将其与洞察研究联系起来。

与真人打交道能够从方方面面获得对服务主张的洞察。人们是否重视服务和品牌？他们是否对发票上的详情感到恼火？从服务的角度来看，挑战在于如何将整个系统中的所有洞察归纳到同一张服务蓝图中。

然后，项目组必须把来自后台工作人员的洞察与客户的需求结合起来，并确定客户旅程的哪个环节有体验障碍或有重大的机会。渠道和技术手段能在何处相辅相成、产生价值以及又会在何种情况下相互抵触？最后，设计或编写所有触点的设计说明。

5.6 服务蓝图的不同用途

服务蓝图提供了一个框架，可以为复杂网络中的洞察进行分类并系统化工作。这让您能够具体地论证服务的设计，范围从如何重构服务主张到修正系统中的关键细节。它还为产生灵感和设计解决方案奠定了基础，这些灵感和解决方案横跨由人员、技术和流程组成的网络。因此，蓝图设计既是一个分析过程，也是一种产生灵感的方式。当然，两者是相互重叠的。可以分析现有服务，发现问题，然后形成创新，所有这些都需要对蓝图进行多次迭代。

服务蓝图和故事板草图（对触点进行更详细的解释）在服务设计中的重要性不亚于3D 草图和线框图在产品设计和用户体验设计中的重要性。就像电动马达的分解图一样，服务蓝图为参与设计和交付的每个人提供了一个总览，让他们看到服务的各个环节如何作为一个整体进行运作。服务蓝图有助于打破不同业务部门之间的壁垒，揭示连接各个流程来打造更多无缝体验的机会。

5.6.1 分析现有服务时使用的蓝图

过去，在想要测试某项服务的质量时，我们找不到一种方法来度量人们在各个触点上体验到的质量。服务蓝图描绘了服务的构建方式，并将所有渠道和触点与客户旅程以及提供这些服务所需要的后台流程联系起来。它为服务设计师提供了一个平台，让后者能够系统地测试人们的服务旅程。通过它可以追踪人们跨越不同时间和触点的路径，并揭示哪些地方创造了真正的价值，哪些地方浪费了机会。它不仅能指出什么地方出了错，还能指出如何修正这些错误。

有时，在流程早期发生的幕后故障到后期客户体验中可能才会显露出来。例如，一个设计不良的沟通方式，特别是账单这种来自后台流程的沟通方式，会导致客户产生疑虑，从而使客服电话数量激增。

这种分析式服务蓝图是一个很实用的工具，可以用来向客户展示洞察研究的成果，并强调应该把资源集中在哪些关键领域上。举例来说，在挪威综合保险公司Gjensidige 的项目中，根据客户的情况，设计团队发现了 50 到 100 个与客户体验有关的触点。将触点的相关洞察添加到蓝图中，为我们提供了工作的基础来改进服务。它所提供的总览也有助于我们决定在原型设计期间关注哪些触点。理想情况下，我们想要聚焦于最影响服务体验的触点，但在看到人们使用服务之前，我们并不知道这些触点是如何运作的，给人的感觉又怎样（关于原型设计的更多内容，请参见第 7 章）。

5.6.2 服务创新时使用的蓝图

在进行服务创新时——无论其原因是现有组织要进行战略转变，还是发现有机会开展一个全新的业务——服务蓝图也能派上用场。当您脑海中浮现出一个看似简单又有说服力的创新服务理念时，很容易兴奋起来，但您的想象同样也容易落入闭门造车的陷阱。例如，您可能设想了一种美妙的购物体验，却忘了考虑为此而需要的种种后台工作。

蓝图描绘了所有阶段，这有助于制定更加连贯一致的服务主张，因为您可以清楚地看到所有元素是如何相互联系并随着时间的推移而发挥作用的。这个步骤的另一个创造性方面的优势在于，在绘制蓝图的过程中，通常会产生平时想不到的一些想法和关联，这可以帮助您提出新的商业主张。

尽管我们接下来将描述一个相当全面的蓝图绘制过程，但在早期构思阶段，简单绘制一个蓝图网格的缩略图，甚至只画一个 4 到 5 格的服务使用体验故事板，也能对思考服务概念起到很大的帮助。因为服务是复杂的，所以在思考服务概念时，很容易错过一个关键的故障点。而且，如果不展示服务的一些关键元素是如何逐步展开的，可能很难向其他人传达这些概念。有时，一个简单快速的故事板草图能够让您认识到一个想法并不可行，只花几个小时就了解到这一点，胜于花上几个月后才知道。

大多数项目都涉及两种蓝图设计方法的结合。一些改进工作可能是迈向未来的新服务创新项目的第一步。而有时，一个激进的、异想天开的创新会议能够促成对现有服务的微创新。

5.7　从宽泛的阶段和活动开始

无论是在改进现有服务、对新服务进行创新，还是两者兼顾，创建服务蓝图的第一步永远是确定服务体验的各个阶段，即服务生命周期，然后添加参与服务的人的角色（通常从客户或服务对象开始）和触点渠道。这些内容可以用网格的形式列出，网格的纵轴是各种角色和渠道，横轴是时间阶段（图 5.9）。

正如我们所提到的那样，蓝图没有一个典型或标准的模板，每个项目或项目元素所需的阶段可能有所不同，但一般来说，一开始都可以在网格顶部使用一组比较全面的默认用户旅程阶段（图 5.10）。有下面几个常用的阶段：

- 认识：用户首次了解到服务的时间点
- 加入：指注册或登记阶段
- 使用：指服务的正常使用期

- 发展：用户对服务的拓展使用
- 离开：用户结束使用服务的时间点，可以是单次会话中不再使用，也可以是永远不再使用

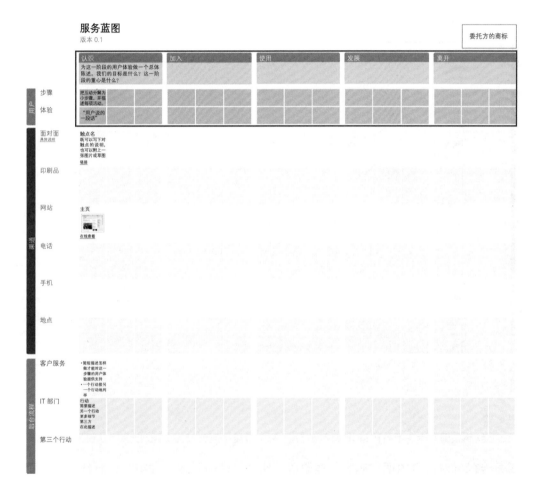

图 5.9
蓝图是一个网格，它的横轴是时间阶段和步骤，纵轴是客户、触点渠道和其他利益相关者

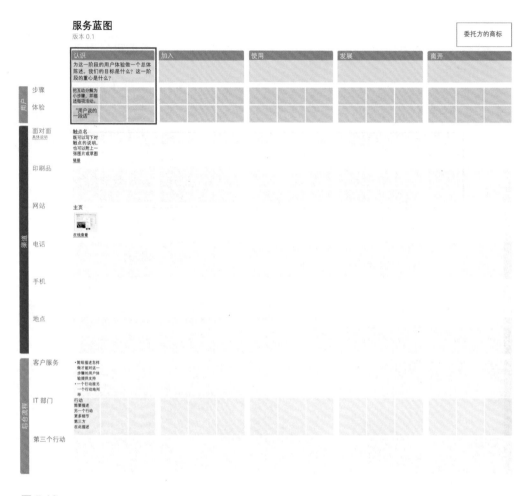

图 5.10

通过在网格顶部写上主要阶段来开始绘制蓝图。每个阶段都应该较为宽泛，比如"认识"或"使用"

最好专门针对自己的项目确定一些阶段，比如"注册"或"注销"，而且可能需要把一部分阶段分解成更详细的步骤，尤其是"使用"阶段和"发展"阶段（图 5.11）。如果能帮助建立清晰的思路，可以为某一阶段或步骤添加简要的说明。这种说明性文字尤其适用于只关注某一阶段中的子步骤的蓝图。

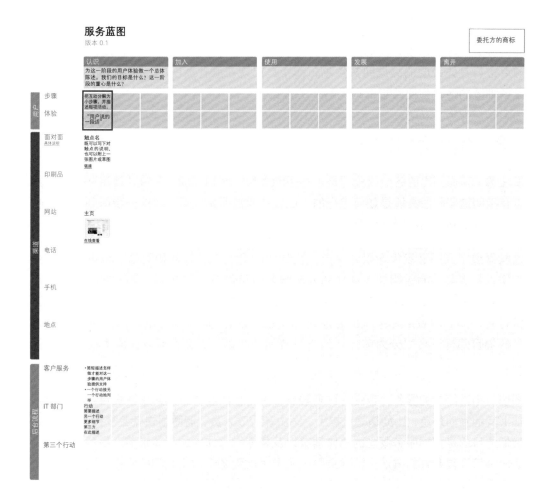

服务蓝图
版本 0.1

委托方的商标

		认识		加入		使用		发展		离开	
		为这一阶段的用户体验做一个总体陈述。我们的目标是什么？这一阶段的重心是什么？									

用户

步骤 / 体验：把互动分解为小步骤，并描述每项活动。"用户说的一段话"

渠道

面对面 具体说明：
触点名
底可以写下对触点的说明，也可以附上一张图片或草图
链接

印刷品

网站：
主页
在线查看

电话

手机

地点

后台流程

客户服务：
• 简短描述怎样做才能对这一步骤的用户体验提供支持
• 一个行动接另一个行动地列举

IT 部门：
行动
简要描述
另一个行动
更多细节
第三方
在此描述

第三个行动

图 5.11

如果需要的话，可以把主要阶段——认识、加入、使用、发展、离开——分解成更小的步骤，例如，机场出发大厅的使用阶段可能包括"到达机场""找到办理登机手续的柜台""托运行李""领取登机牌"和"通过安检"等步骤，其中每个步骤都以一个较窄的列表示，贯穿此步骤中所有的触点

在项目中，可以根据需要使用任意级别的颗粒度，但请注意，不要过于混淆不同程度的细节。举例来说，网络服务注册过程中各个步骤的详细界面应该出现在对这个触点进行具体说明的线框图文件中，而不是出现在服务蓝图。在服务蓝图中添加过多细节的话，会使其难以提供有效的概览。

5.8　增加触点渠道

请注意，前面列出的各个阶段都是一种活动类型，比如"加入"或"使用"。它们并没有指明这些阶段具体是如何进行的，比如"通过网站注册"。这一步留到把各种触点渠道添加到蓝图左侧之后再进行。蓝图中的每一行都代表一个触点渠道（图5.12）。

这些渠道中几乎必然包含媒介渠道，比如印刷品、电子邮件和网站，也可能包含像工作人员或其他利益相关者这样的人。服务也可能包括与产品、第三方服务甚至其他消费者或用户的互动。渠道列表可以根据需要向下加长。行数视项目的情况决定，但有时，拥有的触点如果超出您最初的想象，就有助于拓展思路。[①] 如果项目像大多数项目那样适合划分为前台活动或后台活动的话，那么也可以在服务蓝图中进行划分。

即使是相当简单的服务，也会有许多触点，综合性的服务绘制起来就更难了。如果再加上其他互动角色，比如病患、护士、医生和行政人员，蓝图很快就会变得错综复杂。我们的目的是把握服务概念的总体情况以及构成触点体验的具体细节。服务蓝图提供了一种管理复杂性的方法。同样重要的是要考虑到各个触点之间的旅程。例如，如果病患要坐在硬邦邦的座椅上，在光线昏暗的医院走廊里苦等好几个小时，那么即使病患在医生看诊时和在 CT 扫描室里的体验再好，整体的体验仍然是糟糕的。

---

① 挪威奥斯陆建筑与设计学院的西蒙·克拉特沃西开发了一套卡片，每张卡片上都印有不同类型的触点。这些卡片很实用，能够提示我们服务中诸多可能存在的触点。甚至可以用这些卡片来引导服务的头脑风暴活动。可以通过网站联系他，免费获得这些卡片。详情请见 Touchpoint Cards Now Available 网页，网址是 www.service-innovation.org/?p=577。

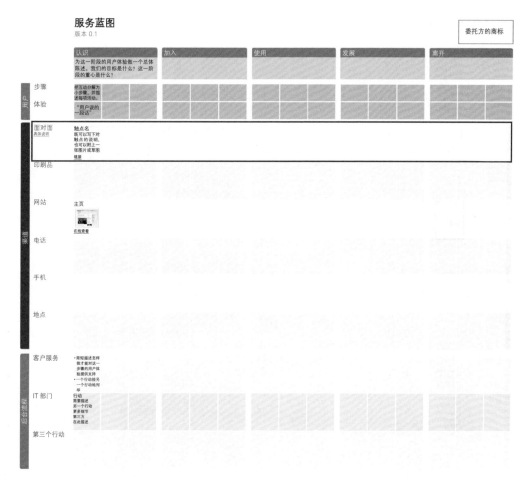

图 5.12
客户旅程阶段下面的每一行都代表一个触点渠道，比如"印刷品""面对面""网站"和"电话"

有了网格之后，就可以开始填入代表各个触点体验的单元格了（图 5.13）。

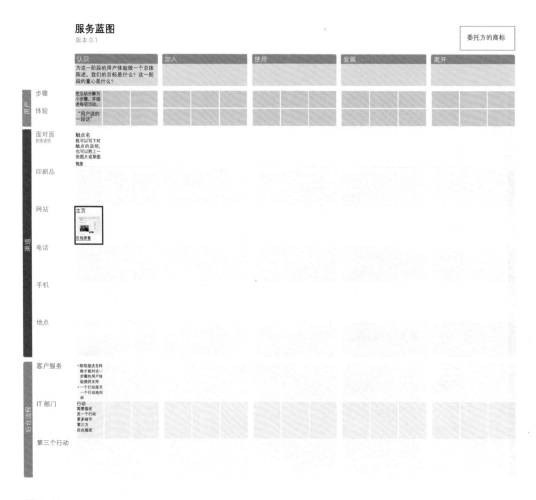

图 5.13
每个单元格代表客户旅程中一个阶段或步骤中的一次触点体验

如果是分析现有的服务，那么可以先填写洞察研究的结果。在各个单元格中描述各个互动时刻的体验——例如，客户尝试在线签署新的移动电话合同，或者与实体店里的工作人员进行互动。如果是缩略版蓝图的话，一些文字和简单的草图就可以了。如果空间足够的话，添加一张照片或草图可能比文字描述更加直观。

如果是开发一项新的服务，请仔细思考如何把所有的触点连接起来，形成一个完整的体验。改进现有的服务时，也需要思考这一点，但如果是这种情况，在迭代蓝图时，就必须决定：是把它用作发现问题的分析工具，还是把所有新的想法都囊括进来。

访谈：从产品到服务的旅程

几年前，我认为自己是一名数字化产品设计师——用户体验领域的一名交互设计师，专注于使数字化产品变得易用、有吸引力而且能够实现盈利。但过去几年，发生了一件有趣的事情：我做的项目越来越不像产品，而更像是服务了。

我设计的产品从适用于单一场景（比如说，坐在电脑前看浏览器）并且每次的使用方式大致相同，变成适用于不同场景，并且每次使用方式可能都有所不同。我不是在设计一个数字化产品，而是在为了支持一系列更无形的互动进行设计，这些互动随着时间推移在客户和公司之间发生。

而且，这种现象不仅仅发生在数字化产品上。我为产品系统所做的工作逐渐渗透到组织的其他部分及其服务中。他们的客服中心和购物或环境体验都能从我们研究数字化产品渠道所取得的洞察中得到启发。如果数字化渠道对其他渠道或公司业务领域没有明显的影响，就很难对它进行研究并获得相关的洞察。客户不会根据渠道来思考问题，他们也意识不到自己切换了渠道，所以我们不能想当然地只设计单一渠道，并认为客户会有一个协调一致、令人满意的整体体验。我们可能认为自己是在设计数字化产品，但客户与公司的互动不仅会以有形的方式表现出来，也会以无形的方式表现出来。

开始重点关注产品系统后，我需要新的方法来捕捉这种体验。新的方法需要能够着眼于捕捉整个系统而不只是一款产品，还要说明随着时间的推移这个系统如何在不

访谈：从产品到服务的旅程（续）

断变化的环境中使用。我还需要一些方法能够把组织的不同部分结合起来。显然，用户体验原则也可以应用到数字化渠道之外，但它主要还是一种设计独立数字化产品的实践，不是为了进行拓展——跨渠道和跨组织——而设计的。虽然术语、方法和流程未来可能会融合，但就目前而言，服务设计活动在本质上更适合用于打破筒仓并整合其他渠道。它格外关注整体，而非离散的部分。这两个学科都想要采取以客户为中心的方法来设计产品或服务，所以它们显然可以相互补充。

客户旅程图（我倾向于称之为"体验图"，主要是因为语义上的差异）可能是我在以用户体验为中心的过程中用过的最有效的服务设计工具。我是在最初整合另一个服务设计工具"服务蓝图"之后才开始使用用户旅程图的。当时，我在一家公司内部工作，发现服务蓝图非常有助于了解如何支持跨渠道体验，特别是对于有很多筒仓的组织。因此，在特定的场景下，它是一个很实用的工具，但好像还是少了点什么。由于服务蓝图自身的设计，它不能让人深入了解一个旅程是如何营造体验的。在设计过程中，我缺少一种方法基于同理心来呈现整个客户体验，而如果想把组织的各个部分整合到同一个愿景中，这么做就是必要的（图 5.14）。我并没有刻意钻研服务设计工具箱，我只是碰巧在寻找一种工具，一种方法，以便可以通过一个更凸显体验感的视角来展现客户旅程。

客户旅程图有几个方面我是特别喜欢的。首先，重点不在于旅程图本身，而在于旅程图的绘制过程。优秀的客户旅程图包含着一个组织中所有不同的部分。这种合作性的活动能够鼓励人们从琐碎的事务中抽出身来，跳出各自的筒仓，纵观客户体验的全貌。

其次，客户与公司互动的场景会随着时间而发生变化，而绘制旅程图是明确这些场景的最佳方式之一。通过绘制旅程图，我们能够理解客户在与服务互动的任意时间点上有怎样的感受、思考和行为，并认识到它们是如何发生变化的。

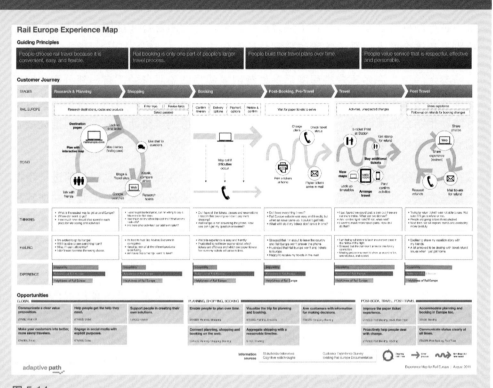

图 5.14
客户旅程图

第三，如果做得好的话，旅程图会围绕着人的体验讲述一个有深度且内容丰富的故事。我是视觉化故事的忠实粉丝，因为视觉化的内容比长篇大段的文字更容易理解。一个优秀的客户旅程模型会通过层叠交错的定性以及定量信息来讲述一个故事。这种带有时间元素的视觉模型是讲述故事最快捷有效的方式。

其他用于连接不同部分的体验的传统用户体验工具，比如概念模型，往往缺少时间和场景元素。场景过度聚焦于体验的某一部分。目前的用户体验方法则缺乏系统思

访谈：从产品到服务的旅程（续）

维。客户旅程图使我能够将各个部分联系起来，并理解怎样才能使它们协调一致，特别是在这个并不局限于体验的数字化新时代中。

我所参考的过去许多客户旅程图都是为营销或购物体验服务的。有一部分客户旅程图或体验图甚至是十多年前的。但只有在这个连接得到了全面覆盖、虚拟体验与亲身体验相结合的新时代，我们才能看到流程和方法得到了重新定义、向前推进或者彻底得到重新发明。

我在自己的每个项目中几乎都应用了服务设计方法，并且一直在钻研如何进一步推广这些方法，比如经常写文章、主持研讨会并反复谈及这个实践。但我不知道我是否认为自己是一名服务设计师。尽管如此，设计的跨渠道性质意味着我将继续采用一些服务设计的方法和活动，比如客户旅程图和服务蓝图，以及新的原型设计方法，比如角色扮演和商业折纸[①]，还有其他有助于理解整个系统的工具。

很难预测词汇或语义最终会如何变化。我认为，优秀的组织会非常重视用户体验，把它当作一种使客户满意的、富有同理心的、由外而内的方法，他们不会想当然地认为它只应用于产品，而是知道用户体验需要贯穿整个组织。我们可以把服务设计当作一种方法或者一系列活动，然后在用户体验设计中用它来制定一个更全面的策略，力求打造良好的跨渠道用户体验。至于几年后我如何称呼自己，或者说我们将如何称呼这些设计学科，就留到下次再讨论吧。

关于作者

Adaptive Path 团队的体验设计师。他的多学科设计方法广泛应用于信息架构、视觉设计和交互设计。

---

① 译注：用一些纸质的象征性标志来建立商业系统模型，比如参与者、器物、环境和技术等，将平面的白板作为舞台式场景，上演各种互动或讲故事，模拟系统中各元素之间的交互与价值交换。

5.9　低保真度与高保真度

现在，您有了一个完整的蓝图，它以网格的形式提供服务概览。前面给出的例子是用电脑绘制的，但一般来讲，最好先快速创建一个低保真版本。在一张较大的白纸或白板上画出网格，然后利用记事贴填入触点（图5.15）或者填写一个简单的电子表格（图5.16）。采用这些方式，可以自由地移动和删除蓝图中的内容，并在整体上保持灵活性。到了某些时候，您将需要加强蓝图的视觉效果，以便将图像和草图纳入其中。为了能够轻松地更新和分享服务蓝图，很可能需要使用某种数字化形式来完成它。

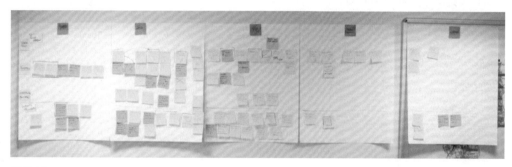

图 5.15

在白板或墙上使用记事贴可以轻松地进行调整。这种方法在头脑风暴中特别有帮助，因为记事贴是临时性的，而且用于书写或勾画触点主要概念的空间非常有限，这样可以避免过早陷入细节的困扰

Blueprint Draft for Book Demo

Aware ⟶	Join ⟶	Use ⟶	Develop ⟶	Leave

Word of Mouth
Lorem ipsum dolor sit amet, consectetur adipiscing elit. Integer a gravida dolor.

Customer Service
Vestibulum ante ipsum primis in faucibus orci.

Poster
Ut lacinia, dui sit amet convallis bibendum, metus nunc vulputate nunc, nec interdum massa diam.

Mobile
Ut velit purus, mollis in sollicitudin quis, accumsan in lectus.

Website
Class aptent taciti sociosqu ad litora torquent per conubia nostra, per inceptos himenaeos.

Friend Recommends
Class aptent taciti sociosqu ad litora torquent per conubia nostra.

Sign-up Call
Ut velit purus, mollis in sollicitudin quis, accumsan in lectus.

Fill in Form
Ut velit purus, mollis in sollicitudin quis lectus.

Sign-Up In-App
Lorem ipsum dolor sit amet, consectetur adipiscing elit. Integer a gravida dolor.

Sign-Up Online
Ut lacinia, dui sit amet convallis bibendum, metus nunc vulputate nunc, nec interdum massa diam.

Dialogue
1. Suspendisse nec est sit amet tellus euismod porttitor. Suspendisse porta metus in lorem posuere faucibus luctus neque vehicula?

2. Nullam nec purus vitae dui faucibus facilisis fringilla ut lectus? Nullam faucibus euismod lobortis?

Sed dictum nisi eget mi semper rhoncus. Proin aliquet purus id diam pretium pharetra?

Vestibulum in vehicula erat. Cras accumsan tempor odio in sagittis.

Contract
Nam varius ultricies mi, ac commodo eros hendrerit non. In fringilla facilisis risus, eget mattis ante vestibulum eget.

Smartphone
Vestibulum ante ipsum primis in faucibus orci.

"Help Me!"
Ut velit purus, mollis in sollicitudin quis, accumsan in lectus.

Mentor Friend
Class aptent taciti sociosqu ad litora torquent per conubia nostra, per inceptos himenaeos.

Customer Forum
Lorem ipsum dolor sit amet, consectetur adipiscing elit. Integer a gravida dolor.

Connect to Contact
Ut lacinia, dui sit amet convallis bibendum, metus nunc vulputate nunc, nec interdum massa diam.

Share Data
Ut velit purus, mollis in sollicitudin quis lectus.

Customer Rep Call
1. Suspendisse nec est sit amet tellus euismod porttitor. Suspendisse porta metus in lorem posuere faucibus luctus neque vehicula?

2. Nullam nec purus vitae dui faucibus facilisis fringilla ut lectus

Take my data
Ut velit purus, mollis in sollicitudin quis, accumsan in lectus.

Thanks
Vestibulum ante ipsum primis in faucibus orci.

图 5.16
尽管视觉效果一般，但电子表格能够迅速以数字化形式呈现洞察和触点分析

5.10 全局与细节

蓝图非常适用于提供整体的视角，您需要有这种视角来确保自己确实留意到了服务生态的全貌，并避免出现前面描述的筒仓问题。然而，在绘制蓝图的过程中，除了

时刻留意整体的服务主张，还需要深入探索许多细节。这意味着在讨论过程中，需要在细节和全局视图中不断地切换。例如，平面媒体的交流是什么样子的？它如何与整体服务主张相结合？对流畅的智能手机活动的渴望如何影响后台 IT 的需求？传统的需求收集过程中经常遗漏这些关系。服务蓝图让我们能够既以用户为中心，又以企业为中心，保持一切事物紧密连接。

与许多设计方法一样，绘制蓝图并不是艺术创作。对于每个不同的项目，流程都需要进行改进和调整；委托方可能需要与其内部流程相匹配的特定术语，因为机构也会开发自己的工具和技术。然而，正如我们在接下来的章节中所讲述的那样，蓝图已经成为服务设计过程的支柱。它被用来映射和分析洞察研究和服务生态，以及设计和制定服务主张并衡量结果。显然，这使它成为一种迭代流程。蓝图有助于激发灵感，但也需要随着新想法和新元素的诞生而持续得以修改和更新。现在，在我们进一步了解蓝图之前，先来了解一下服务主张以及如何设计和制定服务主张。

对蓝图绘制工具的说明

在写这本书的时候，还没有专门用于创建服务蓝图的工具。常见的设计工具有记事贴、白板、InDesign 和 Omnigraffle 或 Visio。有些服务设计师会使用微软的 Excel，特别是设计师与委托方在项目的某个环节中进行协作的时候，因为几乎每个委托方使用的都是 Excel。当然，Excel 并不是一款设计工具，但我们可以创建跳转到其他电子表格或外部 PDF 文件的点击式链接，于是，这样的蓝图就成了一张能够导航到各个具体触点的地图。花些心思和时间的话，也可以使 Excel 蓝图看上去设计精良。这些工具中没有哪个是十全十美的，因为您需要能够展现不同水平的细节，并显示或隐藏不同的层次，而这些工具目前并没有这种功能。但需要记住的是，工具并不是活动的核心。把全局和细节联系起来才是我们的目的，所以，使用什么工具都可以，只要适合自己就行。

小结

◦ 服务涉及许多不同的触点渠道，它们会随着时间的推移而逐渐展开。为了进行服务设计，您需要一种方法来直观地描绘出这种复杂性。

◦ 需要能够在服务的全局和细节之间不断地切换。服务生态图可以帮助您看到更宽泛的服务运营场景，而服务蓝图可以帮助您构建、设计和调整那些随着时间推移而展开的触点互动。

◦ 服务设计的关键活动是协调人们想要通过在前台体验到的触点来完成的事以及支持这些活动的后台业务流程。

习题

1. 什么是服务生态？请给出一个例子。

2. 什么是服务蓝图？请给出一个例子。

3. 什么是客户旅程图？请给出一个例子。

第 6 章

确定服务主张

如果想要改善现有的服务，那么服务蓝图足以为我们提供一个相当清晰的概览，让我们了解服务的各个组成部分以及这些部分是如何随着时间的推移供用户来体验。如果是要开发全新的服务，则可能没有那么多细节，对人们的需求和一些关键触点有一定的了解即可。在进一步探索细节并为项目投入大量资源之前，我们需要确定服务主张。

6.1 以洞察为基础的服务主张

服务主张本质上是商业主张，只不过既要考虑商业的角度，也要考虑客户 / 用户的角度。重要的是，服务背后要有某种商业模式——即使是免费的服务或公共服务——否则，它将无法长久或者难以适应变化。平时常用的一些方法和问题也同样适用于服务：谁来提供资助？定价和细分市场是什么？交付服务需要什么？成本是多少？

服务主张需要基于从研究中获得的真实洞察。例如，是否有未被满足的需求，是否存在市场空白？是否有未得到充分开发的市场？是否有颠覆现有模式的全新技术？是否有过于复杂的服务基础设施可以大幅简化？环境是否在变化？其中任何一个因素都可能激发商业灵感并相应地形成一个服务主张。

6.2 佐帕的服务主张

提供 P2P 借贷服务的佐帕①Zopa.com（图 6.1）是一个很好的例子，它的服务主张基于这样的洞察来制定：公司与金融服务的关系和个人消费者与金融服务的关系迥然不同。造成这种区别的一个原因和第三方机构（或市场）对公司的评级方式有关，它使得金融业将公司视作可靠的借贷对象。这个系统推动了债券市场的发展，让金

---

① 译注：成立于 2005 年 3 月，总部设在英国伦敦白金汉，当时只有 23 名员工。2017 年 1 月，成为英国第一家贷款规模超过 20 亿英镑的 P2P 公司。2018 年 8 月，推出数字挑战者银行。2021 年 3 月，已吸纳 2.5 亿英镑的固定存款，成为英国十大信用卡发行商。2021 年 12 月，向 6 万名 P2P 客户发出通知，关闭其 P2P 借贷业务，只专注于数字银行业务。2021 年 10 月，软银愿景基金和其他风投注资 3 亿美元，佐帕的估值可达 10 亿美元。

融机构能够在分散风险的同时投资于各家公司。相应地，这让公司能够获得借贷，并且通常能达成更划算的交易，而这是消费者无法做到的。佐帕的联合创始人看到了为个人创造一个类似的"债券市场"的机会。人们可能不想把 1 000 英镑全部借给某个人，但他们可能愿意把 1 000 英镑拆分开来，借给 100 个人，因为 100 个人全都违约的概率非常低。

图 6.1
Zopa.com 官网上有明确的服务主张

佐帕也是一个经典的案例，可以用来证明网络和数据的力量能够驱动颠覆式的创新。在幕后，佐帕的主张基于这样的洞察：创建这样的个人评级系统所需要的数据已经存在了。然而，正如佐帕的联合创始人吉尔斯·安德鲁斯所解释的那样："银行成功地让人们觉得这些数据归他们所有，然而事实显然并非如此。这些数据是您的，是我的，是其他人的。这些数据肯定不属于银行，但这个行业的体系使得我们很难获取它们。"[1]

---

[1] 　详情可参见吉尔斯·安德鲁斯的 IPA 演讲，网址是 https://vimeo.com/4843653。

虽然个人可以向信用评级机构申请获得自己的数据，但他们很难使用这些数据。通过使用这些数据，佐帕在 P2P 贷款市场上对人们的信用度进行评级，从而为个人赋能。佐帕的服务主张是，相比银行，放款人和借款人都能获得更高的投资回报。[①] 为了做到这一点，佐帕需要将他们的金融思维转化为具有吸引力的服务和社交体验，让人们能够理解并想要使用。

事实上，佐帕还洞察到了另一个机会，那就是互联网上社交应用激增。截至 2004 年，佐帕创始人创业时，eBay 是世界上规模最大的平台。佐帕的创始人认为，eBay 的成功无法用任何合理的经济知识来解释。毕竟，在几乎没有安全保障的情况下，人们竟然愿意冒着风险把钱付给陌生人，这样的业务银行绝对不会做。他们想到的唯一可能的解释是将 eBay 看作一种社交体验，人和个人信誉在其中非常重要。

佐帕也是一个典型的以人为本的组织，他们首先考虑的是："我们能为那些不信任银行的人做些什么？我们如何围绕这一点开展服务业务？"这就是为什么服务设计要采取自下而上、以需求为基础的方法来与人共同设计服务的原因。

回到服务主张的制定过程上，在早期阶段勾勒想法雏形时，以下三个问题至关重要：

1. 人们是否理解新服务的定义或用途？
2. 人们是否看到了服务在自己生活中的价值？
3. 人们是否理解如何使用新的服务？

我们将在第 7 章中再次回顾这些问题，并增加一些新的问题。现在，让我们依次研究这三个问题。

1. 人们是否理解新服务的定义或用途？

这个问题的答案看似显而易见，但一看就知道其用途的产品，其服务可能比较抽象，

---

① 佐帕（Zopa）的英文全称是 Zone of Possible Agreement（可能成交区间），也就是一个人愿意出资而另一个人又愿意支付的价格。

甚至是无形的。新的服务往往意味着全新的领域，因此，以佐帕为例，解释什么是P2P借贷就很重要。如果人们习惯了从银行借钱，他们可能不理解佐帕所提的Zopa的意义。佐帕官网上是这样解释的："在佐帕，有闲置资金的人可以直接把钱借给想借钱的人。没有银行作为中介，没有间接费用，也没有隐形费用，这意味着每个人都能得到更好的费率。"

现在，我们对服务的作用有了很好的了解，但人们在实际生活中真的需要吗？

2. 人们是否看到了服务在个人生活中的价值？

可以说，设计师、工程师和技术专家最大的过错是做出了他们认为很酷但实际上没有任何人需要的东西。在历史上，这种百无一用的产品和服务数不胜数。历史上也有很多人们最初认为没用但后来却变得不可或缺的东西，比如短信、便利贴和全是萌猫图片的网站。

在制定服务主张时，必须考虑它如何为人们的生活增加价值。这当然应该建立在通过洞察研究所发现的需求上，但组织内部高层往往也会插手项目。要谨慎避免服务主张开始向商业需求而不是客户需求倾斜。最理想的是让服务提供者和服务对象能够双赢的主张，如此一来，每一方都可以为另一方提供价值。

佐帕这样解释他们的价值主张："我们听到有人问，为什么有人会把钱借给自己完全不认识的陌生人？因为，坦白来讲，这么做的收益比把钱存到银行更高。我们有超过1.6亿英镑的贷款，并且记录已经证明我们可以比银行更好地管理您的资金，因此，我们认为这个问题应该换成'为什么不借呢？'"[1]

许多人认为银行是一种必要之恶（necessary evil），它总是试图用无中生有的费用从自己身上榨取金钱。由于这个原因，人们对银行的忠诚度很低。佐帕通过调研证实了这一洞察（如果思考一下的话，您会发现这是显而易见的）。人们不相信银行会为自己

---

[1] 截至2012年底，这一数字已经超过了2.3亿英镑。来自我个人与吉尔斯·安德鲁斯的私下交流，时间是2012年2月13日。

争取最大利益，但他们相信自己的钱会被安放在某个大金库里，即使只是电子金库。

作为初创公司，佐帕如何与客户和银行这种爱恨交织的关系竞争的呢？他们就此展开了调研。吉尔斯表示，他们得出的结论是"追求信任关系中柔软的那一面"。[①] 他们想出了一种既友好又直截了当的说话方式，有时会开开玩笑，但又不至于显得轻浮。这种说话方式主导了所有触点的设计和沟通：他们尽可能清晰且坦诚地说明他们如何赚钱、如何收费以及如果出了问题会怎样。这与银行的典型做派完全相反。正如吉尔斯所说："[银行] 有大量容易被客户忽略的附属细则。大多数时候，他们利用人们犯下的小错误来赚钱，而不是通过提供公平公正的服务来赚钱。"佐帕还强调了借贷关系中人性化的一面（图 6.2），人们普遍认为银行是不会重视这一点的。

图 6.2
佐帕强调借贷关系背后的人文故事，使自己显著区别于传统银行

---

① 此处引用的吉尔斯·安德鲁斯的两段话来自他的 IPA 演讲：https://vimeo.com/4843653。

因此，把服务主张的基本原则和如何在各个触点上进行沟通结合起来，不仅能够帮助人们了解服务主张的定义，还有助于理解它能为他们带来哪些价值。接下来考虑人们是否理解如何实际使用服务。

3. 人们是否理解如何使用新的服务？

您可能已经在一项新的服务上花了不少时间，您的委托方当然了解自己的业务，但潜在的服务对象又如何呢？举个例子，我们知道如何使用门把手，因为我们从小就在用，而且是经常用，更何况门把手有物理上的引导，鼓励我们去推、拉或转动它们，但 P2P 就不一样了。潜在用户需要对 P2P 借贷的定义有一定程度的了解，这就是为什么佐帕把他们的服务比作"货币市场"。他们对服务的运作方式进行了说明，大多数传统银行都不屑于这么做（图 6.3）。

图 6.3
佐帕用四个简单的要点来清楚地解释其服务运作流程：放款人把钱存进来；借款人把钱借出去；佐帕负责处理中间的部分；放款人享受丰厚的回报

现在，我们知道了服务主张是什么，理解了它在我们生活中的价值，并对它的运作方式和使用方法有了一个大致的设想。佐帕在开拓全新的领域，所以他们花了很多时间和精力来在网站上的"如何运作"部分中进行详细说明，以帮助人们了解服务并建立对服务的信任，这对业务至关重要。

其他服务主张也可以通过比喻来借力现有的、广为人知的产品或服务。举个例子，私家车共享服务平台 Whipcar[①] 提供 P2P 共享汽车服务，它让人们把自己闲置的私家车租给陌生人。另一边，爱彼迎让人们以同样的方式向陌生人出租自己闲置的房间、公寓甚至整栋房子，而且它已经取得了成功（图 6.4）。因此，Whipcar 可以把自己形容为"共享汽车领域的爱彼迎"，这样就已经成功了一半（图 6.5）。诚然，人们需要先了解爱彼迎，但 Whipcar 的许多早期用户也是爱彼迎等其他协作式消费共享服务的早期用户，所以这样的比喻是很有针对性的。

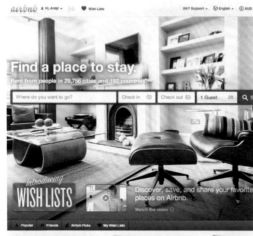

图 6.4

"独特空间的社区市场"是爱彼迎在其主页上明确提出的服务主张，甚至输入框中的默认文本都在强调这一点

---

① 译注：成立于 2010 年，2013 年关闭并停止服务。类似的汽车共享服务还有 RelayRides 和 SnappCar 等。

图 6.5
Whipcar 提供 P2P 共享汽车服务，和爱彼迎差不多，只不过它共享的是汽车。请注意"How it works（如何运作）"部分中给出的简单三步说明

6.3 通过蓝图进行切片

通过佐帕的案例，我们可以看出制定服务主张也需要不断在全局和细节之间缩放，就像第 5 章中提到的那样。一个小细节，比如人们和传统银行的信任关系，就可能导致服务和商业主张的诞生。服务主张必须传达给用户，这意味着要考虑到各个触点上的语气和措辞等细节。

这项服务必须能够盈利，所以佐帕需要佣金或以某种方式向客户收费。对这一元素的沟通需要尽可能清晰和透明，因为人们对传统银行感到不满的一部分原因是不公平公正的银行费用。为了做到这一点，佐帕的官网上有一部分的标题为"我们如何赚钱"。

每一个商业决策都会影响到服务主张和服务主张的交付。同理，触点中的细节也会影响到整个业务。如果用户不能理解某件事情，比如佐帕如何以及为什么要抽取一部分费用，他们的信任感就会降低，佐帕的业务也会受到影响。

在细节和全局之间切换的方法是把服务蓝图用作一个空间，这个空间里可以上演不同的场景。蓝图中应该显示服务生态的基本组成部分，以便在一系列假设场景中跟踪不同的客户旅程。这允许所有参与项目的利益相关者——设计师、用户、工作人员和管理层——根据在所有假设场景中做出的决定来确定服务的主张和体验。

真正的设计正是在这个阶段进行的，这就是服务设计过程中的"想出点子"部分。有了基于可靠洞察的蓝图，服务设计团队就可以将这些洞察与商业目标和战略联系起来，并设计出一个协调一致的体验。服务蓝图和其他设计规范文件可以确保大家达成了共识。

选择将资源集中于何处

每个项目的资源都是有限的。管理结构、环保因素和人力都会影响到项目的规模，但对项目影响最大的是时间和金钱有限。把每一个触点和想得到的每一种服务旅程都设计得很完美，这听起来很美好，但通常是不可能实现的。必须选择重点聚焦于哪些触点。无论是创造新的服务还是改进现有的服务，选定几个代表服务核心的关键触点都是一个很不错的开始。

如果要改进现有的服务，那么可以通过洞察研究（图 6.6）和商业战略找出明显需要关注的触点。有些触点是唾手可得的，它们是服务当前的失败点，重新设计起来很容易，而且会带来极为可观的收益。然而，另一些触点则不然。以重新设计账单为例，它本身可能只是一项简单的图形设计工作，但实现起来可能十分复杂，需要对老旧笨重的后端会计和账务系统进行各种更改。这些可就没有那么容易了。

如果来自另一个设计学科，您可能很想在蓝图设计过程的早期就开始设计触点的细节。有时，这可能是项目的起点。委托方可能邀请您设计某个特定触点的客户体验，比如重新设计售票机的界面，但是在深入研究之后，您可能发现实际上有很多服务元素都需要改进。需要为客户旅程的多个阶段设计所有或部分渠道。

Aware →	Join →	Use →	Develop →	Leave
Word of Mouth *Lorem ipsum dolor sit amet, consectetur adipiscing elit. Integer a gravida dolor.*	**Friend Recommends** *Class aptent taciti sociosqu ad litora torquent per conubia nostra.*	**Dialogue** *1. Suspendisse nec est sit amet tellus euismod porttitor. Suspendisse porta metus in lorem posuere faucibus luctus neque vehicula?*	**Mentor Friend** *Class aptent taciti sociosqu ad litora torquent per conubia nostra, per inceptos himenaeos.*	**Customer Rep Call** *1. Suspendisse nec est sit amet tellus euismod porttitor. Suspendisse porta metus in lorem posuere faucibus luctus neque vehicula?*
Customer Service *Vestibulum ante ipsum primis in faucibus orci.*	**Sign-up Call** *Ut velit purus, mollis in sollicitudin quis, accumsan in lectus.*	*2. Nullam nec purus vitae dui faucibus facilisis fringilla ut lectus! Nullam faucibus euismod lobortis?*	**Customer Forum** *Lorem ipsum dolor sit amet, consectetur adipiscing elit. Integer a gravida dolor.*	*2. Nullam nec purus vitae dui faucibus facilisis fringilla ut lectus*
Poster *Ut lacinia, dui sit amet convallis bibendum, metus nunc vulputate nunc, nec interdum massa diam.*	**Fill in Form** *Ut velit purus, mollis in sollicitudin quis lectus.*	*Sed dictum nisi eget mi semper rhoncus. Proin aliquet purus id diam pretium pharetra?*		**Take my data** *Ut velit purus, mollis in sollicitudin quis, accumsan in lectus.*
Mobile *Ut velit purus, mollis in sollicitudin quis, accumsan in lectus.*	**Sign-Up In-App** *Lorem ipsum dolor sit amet, consectetur adipiscing elit. Integer a gravida dolor.*	*Vestibulum in vehicula erat. Cras accumsan tempor odio in sagittis.*	**Connect to Contact** *Ut lacinia, dui sit amet convallis bibendum, metus nunc vulputate nunc, nec interdum massa diam.*	**Thanks** *Vestibulum ante ipsum primis in faucibus orci.*
Website *Class aptent taciti sociosqu ad litora torquent per conubia nostra, per inceptos himenaeos.*	**Sign-Up Online** *Ut lacinia, dui sit amet convallis bibendum, metus nunc vulputate nunc, nec interdum massa diam.*	**Contract** *Nam varius ultricies mi, ac commodo eros hendrerit non. In fringilla facilisis risus, eget mattis ante vestibulum eget.*	**Share Data** *Ut velit purus, mollis in sollicitudin quis lectus.*	
		Smartphone *Vestibulum ante ipsum primis in faucibus orci.*		
		"Help Me!" *Ut velit purus, mollis in sollicitudin quis, accumsan in lectus.*		

图 6.6
洞察研究可以帮助决定将资源集中在哪些触点上。可以在绘制蓝图的早期阶段重点标注或详细说明这些触点

为了避免在设计过程中陷入筒仓——用户体验设计师或交互设计师只顾着处理界面，产品设计师只顾着处理产品，等等——必须清楚地知道每个元素在大的应用场景中的位置。做到这一点的方法是纵观全局，看看服务蓝图并设计出服务主张，这可能意味着先不要考虑细节。

在脑海中同时容纳这两种细节程度的能力是服务设计的一项基本技能。虽然可以在脑海中进行全局和细节之间的切换，但可能也需要把不同程度的细节打印出来，并把它们贴在墙上，以便与项目里的其他人进行讨论。这里有几种实用方法可以从蓝图中提取出细节。

1. 旅程总结

即使是全新的服务（很少有真正意义上的全新的服务，它们通常是对现有服务的修改、转换或组合），也要选择将精力花费在哪些触点上。如此说来，该如何做出选择呢？

除了考虑结果价值与工作量，最简单的选择方式是通过蓝图来跟踪关键用户的旅程。如果已经根据洞察研究创建了用户画像（真人或集合体），可以开始想象每一种类型的用户将如何使用服务。70 岁的"模拟人格"先生可能更喜欢面对面的接触，而22 岁的"科技爱好者"小姐则可能更喜欢使用线上和移动自助服务渠道。通常情况下，大多数用户会体验到多种渠道，并且会根据所处场景——在工作时、在家里、在旅行中等——在这些渠道之间进行切换，这就是各渠道保持一致性至关重要的另一个原因。

服务设计师需要把来自后台员工的洞察与客户的需求结合起来。确定在客户旅程中哪里的体验出现了问题、哪里潜藏着重大的机会、哪里的渠道和技术能够相辅相成且产生价值以及又有哪里的渠道和技术是相互阻碍的。在服务蓝图中模拟客户旅程能够解决许多这样的问题（图 6.7）。

描绘出一个特定用户跨越服务体验的各个阶段并通过他或她所选择的触点集之后，就可以进行旅程总结了。从本质上来讲，这是包含各个旅程阶段（或步骤，如果想要更具体的细节的话）的故事板，它描述了发生的事情以及用户应该有什么样的体验（图 6.8）。

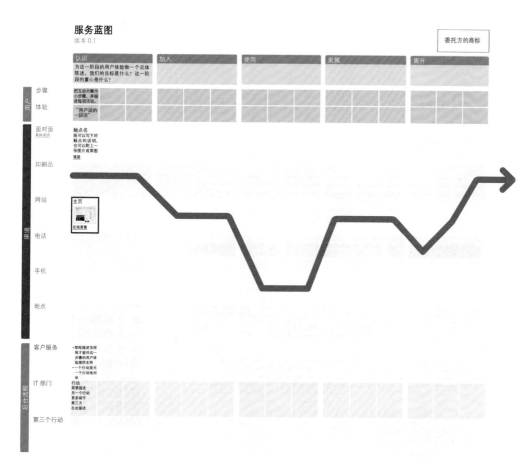

图 6.7

通过服务蓝图跟踪客户旅程

客户旅程

图 6.8
客户旅程总结描述了
一个特定用户通过主
要服务阶段或更细化
的步骤的旅程。它以视
觉化的方式展示了正
在发生的事情，并用文
字描述了与选定触点
的体验和互动

2. 阶段和步骤总结

除了能够用来绘制跨越整个服务生态系统的旅程，蓝图的网格性质还可以用来查看
各行各列。每一个服务阶段（图 6.9）或步骤（图 6.10）都可以看作是一列，其中
包括所有触点渠道的客户 / 用户体验以及与之相关的后台利益相关者和活动。

在此基础上，可以创建一个更详细的阶段或步骤总结文件，描述该阶段所有渠道中
的用户体验（图 6.11）。总结文件中还应该记录服务的不同后台元素之间的联系，
以及它们如何互动才能交付理想的前台用户体验。文件详细说明了希望给客户提供

什么样的体验，以及这对技术交付和业务流程的影响。可以用它来标记出某些决定着成败的关键元素或活动。

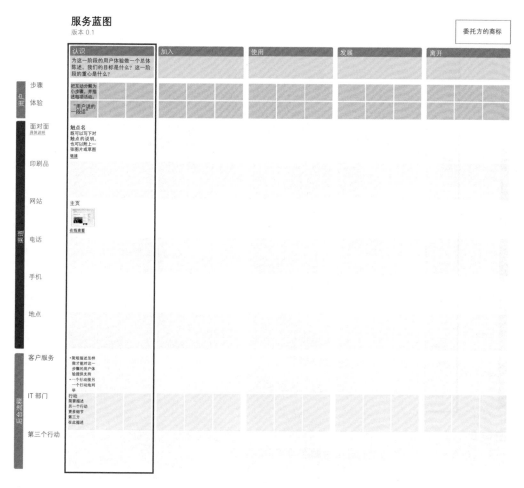

图 6.9
每个阶段都表示为一列，其中包括所有触点渠道和支持着这些渠道的后台服务

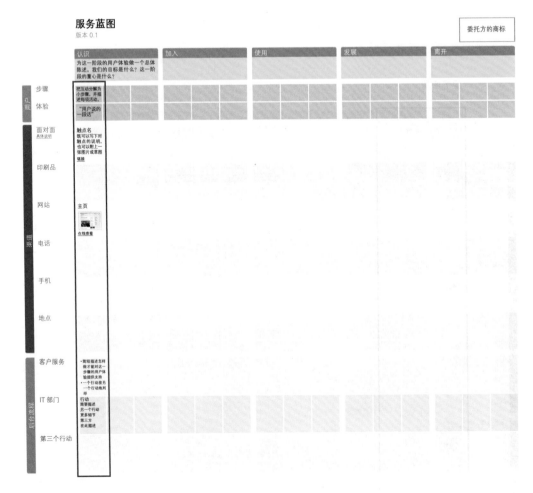

图 6.10
也可以查看一个更具体的步骤在所有触点渠道中的情况

和其他互动或产品设计一样，对各种互动进行拆解，并勾勒出所有渠道中的所有互动，这是非常重要的。是否需要引入第三方服务？是否需要设计和开发新的产品或技术？涉及哪些基于屏幕的互动？所有这些渠道的服务体验是否协调一致？服务生态中的某些部分是否脱离了您的控制，您是否能化解此处潜在的问题？

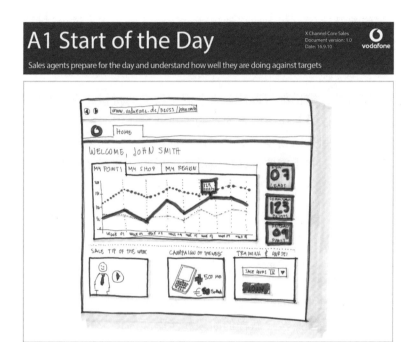

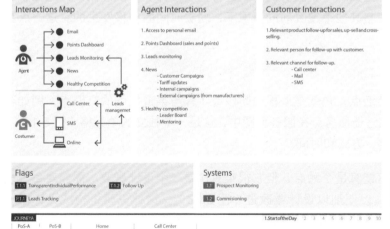

例如，新增一项服务可能涉及线下、线上或移动电话这三种注册方式。这个过程可能涉及支付系统或注册确认的某种回应。还有一些服务可能含有物理元素，比如邮寄欢迎大礼包或门禁卡。

无论是阶段总结还是旅程总结，笔记都可以包含来自洞察研究的材料。可以是现有用户对当前服务的评价，也可以是新服务提案的产因（也就是通过洞察所发现的需求）在概念开发和洞察研究之间来回切换，脚踏实地地进行设计。创意很容易膨胀成对功能的幻想，但人们实际上并不需要，这种情况在市场驱动的产品或服务开发中经常发生。

3. 渠道总结

如果在服务蓝图中沿着单个渠道所在的行拆分出一个水平切片，则可以检查这一渠道在服务的生命周期中是如何运作的（图 5.12）。

这种视图也能让人把描述该渠道体验的综合性规范文件或概要文件汇总到一起（图 6.12）。该渠道中的每次互动是按照客户旅程的阶段和步骤顺序记录的。这个规范可以用于大型项目（比如对一个服务的网站进行重新设计），以确保设计过程不是孤立进行的，而是在与其他渠道互动的情境下，随着时间的推移发生。这一点至关重要。

4. 确定独立触点

独立触点是时间的交汇点，也就是旅程中阶段或步骤与渠道之间的交汇点，例如客户通过网站上的表格注册服务。在服务蓝图中，这是一个独立的单元格（图 5.13），它描述了触点的内容、方式和时间。

"用户在线注册"可能算是个触点，但它很难算作是一个设计概要。需要对每个触点进行详细的说明，以便加以设计或改进（图 6.13）。这种说明将构成设计概要和规范文件的基础，这些文件会被传递给其他设计师和开发人员，用来指导他们的工作。

Service Blueprint for trykksaker
Ungdomspakken

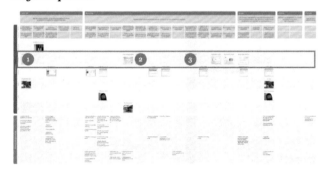

① DM til foreldre som er gjensidigekunder

BESKRIVELSE

Ungdom som fremdeles har folkeregistrert adresse hos sine foreldre er dekket av deres innboforsikring. Derfor kan eksisterende gjensidigekunder kjøpe Alt-i-orden-pakken til barna sine til en lavere pris. Denne DMen skal kommunisere dette som en fordel, slik at pakken oppleves av foreldrene som noe fint man kan gi barna på veien.

FUNKSJONSKRAV

Sendes ut på sensommeren før studiestart.

Evt. legges ved årlig utsendelse av polisedokumenter eller lignende.

Det må klargjøres for mottak av:
* avklippbar svardel med bestilling av pakken
* SMS til 1960 for å bli oppringt av selger

INNHOLD

DMen skal inneholde:
* Et brev med tilbud om Alt-i-orden-pakken og avklippbar svardel
* Ferdigfrankert svarkonvolutt

Brevet skal:
* forklare at Gjensidige har en pakke som inneholder det unge voksne trenger av forsikring- og banktjenester
* forklare at de som gjensidigekunder kan kjøpe denne pakken til lavere pris fordi deres innboforsikring dekker barna, så lenge de ikke melder flytting til folkeregisteret
* kort beskrive fordelene med Gjensidige bank
* kort beskrive forsikringsdekningene som er i pakken
* foreslå at foreldrene kan *gi* denne pakken til sine barn
* gjøre det lett å bestille pakken fra Gjensidige med svardel og ferdig frankert svarkonvolutt
* gjøre det lett å lære med om pakken ved å sende SMS med kodeord ORDEN til 1960

FORM

Bør se ut som vanlig kommunikasjon fra Gjensidige.

图 6.12
渠道规范文件的第一页，描述了用户与一个特定的触点渠道互动的每个阶段或步骤。其后的页面详细说明渠道中其他突出显示的触点互动（2 和 3）

② Produktside og skjema

(se flere skjermbilder: <u>Flash steg 1</u>, <u>Flash steg 2</u> og <u>hele siden</u>)

BESKRIVELSE
Alt-i-orden er et nytt produkt og trenger en egen side som beskriver pakken og der man kan kjøpe pakken direkte.

FUNKSJONSKRAV
Produktet skal kunne kjøpes på nettet gjennom et skjema på denne siden – ikke gjennom kalkulatorene. Dette skjemaet er en Flash som ligger *på* selve produktsiden.

Skjema i Flash: (<u>Steg 1</u>, <u>Steg 2</u>)
• skal la kunden velge til og fra de dekninger som er valgfrie
• skal kalkulere og vise prisen dynamisk
• bør være i to steg, og be om kontaktinfo i steg 2 for at skjema ikke skal bli avskrekkende langt
• vise priser per år, men oppsummere totalen per måned

Opplysningene fra skjema skal sendes til EDB.

Ved mottatt bestilling skal EDB:
• registrere ny bankkunde
• sende opplysninger direkte inn i S2000 for å registrere ny forsikringskunde
• pakke reisekort og GO3 i pakken og sende den ut i PUM-konvolutt

Bestillingen fra gjensidige.no må merkes slik at
• EDB kan undertrykke ordinær utsendelse av GO3
• Gjensidige forsikring kan undertrykke utsendelse av ordinært reisekort fra S2000
• Kunden får internettrabatt

图 6.13
独立网页触点的概要文件，介绍挪威综合保险公司 Gjensidige 推出的青年银行和保险套餐

Side 3 av 7

一旦达到最终这种细节程度，服务设计团队可能就会使用一系列适合触点所涉及设计学科中的方法。网页和移动交互需要用到 UX 线框图和预演，产品需要用到 3D 草图和渲染，与 IT 服务的连接需要数据库事务说明，而印刷品触点可能涉及从营销到收费的每个人，以及平面设计师和印厂。您还可能会为某种基于时间的服务交流制作故事板，形式可以是视频或幻灯片，然后通过为代表着各个阶段的照片或动画附上简单的解说来介绍服务体验。

来自其他设计领域和商科的人，之所以认为自己熟知服务设计，最常见的原因可能是这种技能上的交叉。从独立触点的层面来看，往往确实如此。在适当的时候，服务设计项目会利用特定的专业知识，而服务蓝图和相关材料是这些其他能力的设计规范。服务设计和其他学科的不同之处在于，整个服务生态系统也是经过精心设计并连接在一起的。这并不是因为各部分都在同一个服务中而碰巧发生的。服务设计蓝图存在的意义就是确保所有触点中的所有元素都没有被孤立地设计。蓝图确立了每个触点的设计规范，并且它也是一种展示这些触点的方式。服务设计兼具了广度和深度。

蓝图不仅是一个重要的服务设计工具，而且在与委托方一起工作时也相当有用，它可以用来谈论服务概念以及如何将各个要素结合到一起。通过帮助参与项目的每个人了解他或她那部分如何融入大局，服务蓝图打破了不同业务部门之间的壁垒。它还揭示了打通整个流程的机会，并通过确保交付过程中不存在因为每个人都认为事不关己而产生的缺口，打造了更加流畅的体验。礼貌地要求客户打印一份服务蓝图，把它挂在墙上，然后，参加会议时自己再带一份蓝图。[1] 它会派上用场的。

---

① 感谢安德斯·凯瑟斯·瓦尔德斯内斯提供的建议。

小结

收集洞察来为服务设计提供信息固然很好，但服务背后也需要有一个商业理念，也就是服务主张。没有服务主张的话，再好的想法也不会具有经济可行性和可持续性。服务主张的关键是回答三个问题：

- 人们是否理解新服务的定义或用途？
- 人们是否看到了服务在自己个人生活中的价值？
- 人们是否理解如何使用新的服务？

通过对服务蓝图进行切片和用它来模拟客户旅程，可以从服务对象的角度探索每个触点是否都能充分地回答这些问题。然后，将蓝图中的每个触点单元发展为用于创建触点的详细设计规范。

习题

1. 什么是服务主张？

2. 服务主张要回答哪三个问题？

3. 请说一说佐帕的服务主张。

第 7 章

服务体验的原型设计

本六岁的女儿（图 7.1）有一次从自行车上摔下来，半个舌头都被咬破了。当时，他和妻子先是带着女儿去了当地医院，可那里的医务人员水平有限，无法缝合伤口，所以他们只好又去了伦敦大学学院的附属医院，那里有一个面部创伤专家小组。

图 7.1
本的女儿在荡秋千

起初，医生建议在局部麻醉下做手术，在显然更了解孩子的本、他的妻子和护士看来，这个提议非常荒谬。彼时，手术团队正在处理一个车祸中伤得更严重的伤患。所以他们只好等，足足等了 10 个小时，才有人把本的女儿送进手术室。

这个手术很快（只有 20 分钟），护士承诺说手术结束后就给本和他的妻子打电话，以便女儿苏醒后能看见他们。但她说话不算话，害得本夫妇俩干等了一个多小时，一直担心是不是出了什么重大问题。而实际情况是，当时只有护士一个人，所以她不得不待在恢复室里陪着本的女儿而没法打电话。本的女儿因为父母不在身边而心烦意乱，而她的父母也一直在附近焦虑不安地走来走去。好在结局还算是皆大欢喜，他们三个人当晚一块儿回了家，并且女儿的舌头上也没有留下任何疤痕。

这样的故事在医疗行业很常见，有助于解释我们对"体验"一词的矛盾心理。虽然这次就医体验很糟糕，但医疗结果却令人满意，本和他的妻子很清楚自己更看重哪一点。在这样的情况下，短期的不良体验会被长期的好处或价值所抵消。真正的问题在于对体验和期望的管理，而这正是服务设计大显身手的地方。

7.1 体验的定义

"体验"这个词以及它在服务设计相关讨论中所占据的主导地位，总让人莫名地感到有些不满。这可能是因为人们总是联想到迪士尼乐园这样的人造体验，觉得服务设计只和娱乐有关。我们生活在体验经济时代，已经超越了食物、住所和健康方面的基本需求，但这种想法似乎只适用于那些有钱人。

也可能是因为"体验"是一个相对软性的术语，完全敌不过那些经济、运营或政策等服务领域中的硬性因素。举例来说，如果把体验视作医院中的一个要素，在必须优先考虑其他重要的医疗问题时，体验的质量如何就会显得无足轻重。

服务设计中的体验就和平面设计中的传达一样重要。客户、委托方、用户、病患和消费者，这些人当前和未来的体验正是服务设计发挥效用的场景。通过确保服务满足或超出用户的期望，可以创造积极的体验来推广服务。体验之所以如此重要，是因为通过讲述使用服务或受服务影响的人的故事，有可能发现创新和改进的机会，也有可能作为一种沟通设计方式来描述未来的体验。

然而，服务设计不只是涉及软性要素，比如让人们在进入酒店客房时感到舒适，或者与客服中心的员工有一次愉快的交流。服务设计还能够在硬性要素方面为服务的效果做出贡献，带来正向的经济效益、成功的运营或有益的政策成果。许多服务设计项目创造了新的收入来源或提振了现有的业务。

创造良好的用户体验意味着获得客户的忠诚度，使其不太可能转向另一家公司。他们也更有可能将您的服务推荐给其他人，为您做推广。在非商业背景下，人们往往别无选择，只能使用特定的服务，比如税务局或失业服务部门。即使一项服务是用户唯一的选择，我们也不能忽视他们的体验。相反，在这种情况下，更应该确保用户获得正向的、有吸引力的体验，因为这是他们唯一的选择。这可能对病患的康复或对公共政策的接纳产生重大的影响。

体验究竟是否可以由人来精心设计？这是一个颇有争议性的话题，因为体验显然是在别人的思想和身体里发生的。诚然，设计师并不能完全主宰人们的亲身体验，但任何一个曾经沉浸在电影、小说或游乐园体验中的人、霸凌受害者或试图逗别人笑的人，都知道体验是可以由其他人创造出来的。

设计师可以设计体验的条件，并且人们可以从设计的许多方面看到体验的重要性，从数字化界面的用户体验设计到更广泛的设计背景，英国国民保健署在其体验设计工具包中就采用了这种设计。[①]

尽管体验是服务设计中需要理解和考虑的一个关键因素，但经济、操作和领域专长等若干因素也十分重要。所有这些因素的结合构成了整个服务主张，而服务对象是一个衔接所有因素的"共同点"，服务的方方面面都可以围绕着它来展开。

7.2 体验的类型

在服务设计的场景中，要确定我们关注的是什么类型的体验，这是很有帮助的。我们关注的是任务型体验（也就是试图完成某件事的体验）？还是商业体验（也就是反映我们的价值认知的体验）？又或者是生活体验（也就是塑造了我们整体生活质量的体验）？

我们可以把体验分成下面几类：

- 用户体验：与技术的交互
- 消费体验：和零售品牌相关的体验
- 服务提供者体验：另一方的体验
- 感性体验：影响生活质量和幸福感的服务（如医疗保健）所引起的情绪效应

---

① 参见 NHS Institute for Innovation and Improvement, "The EBD Approach," www.institute.nhs. uk/quality_and_value/introduction/experience_based_design.html。

这个清单中并没有列出所有体验类型，但我们在设计服务时主要考虑的就是以上几种体验。它们几乎涵盖服务中需要重点了解并思考的所有方面和交互。我们对"用户"和"客户"的体验进行了区分，因为在很多情况下，用户并不是客户。护士是一个典型的例子，因为虽然他们在使用服务，但他们并非付费的客户，同时，护士还是服务的提供者。由此可以看出，角色其实经常重叠，这就是为什么前台/后台的比喻有时并不适用的原因。在很多情况下，比如有人浏览网站进行研究时，人们是用户，但不是客户。在自助服务场景中，用户则往往等同于客户，我们稍后将对比进行说明。

7.2.1　用户体验

许多读者应该已经非常熟悉"用户体验设计"这个主题，所以我们并不打算在这里进行重新定义。我们主要将其与基于任务的体验关联起来，尽管在许多情况下，它们也会影响到商业和生活质量方面的体验。

个体在服务中完成任务的能力对服务是否能够取得成功起着决定性的作用。任务的设计方式对服务的整体效果有着重大影响，为了增强服务的表现或提高收益，服务中的任务经常需要重新设计。在很多情况下，模糊不清的措辞、布局或基本用户界面设计会使用户选择放弃，并转而尝试不同的触点渠道，甚至是完全不同的服务。[1]

基于网页的服务已经率先将重点关注用户体验作为其运营方式的重要组成部分。谷歌能够评估链接颜色的深浅对搜索结果点击率的影响。这种可用性方法很有价值，它来源于对人们能够在多大程度上实现个人目标的理解，设计师可以将其应用于从购物到城市导航等各种场景。

在基于任务的活动场景下，服务的使用体验反映在工具的使用感受上。当人们想要完成寻找火车站台、买票或了解票价信息这样的日常任务时，往往会尝试使用服务的有形元素，比如指示牌、界面或通信媒体。

---

[1]　《Web 表单设计：点石成金的艺术》（www.rosenfeldmedia.com/books/webforms/）一书中，分享了一个令人震惊的例子：网站上一个按钮的设计给某电商带来了 3 亿美元的销售增长。

我们认为，在这种场景下，用户体验主要与任务、较短的时间框架以及与非人类触点的交互有关。

7.2.2　消费体验

您可能遇到过这样的委托方，他们的主要目标是改善客户在使用服务时的体验。这个目标看似是每个公司都想要实现的，但他们往往更注重提升内部效能并节约开支。对许多公司来说，客户和业务中的其他部分一样，是一种需要管理的资源。

那些真正想要改善消费体验的公司并不仅仅是在处理软性要素。通过计算，他们发现这种改进可以使客户更多地使用其服务并为之付费，同时还能减少选择在其他地方消费的客户数量。客户流向竞争服务提供商称为"客户流失"，代价非常高。为了填补流失客户的空缺，必须获取新的客户，而这么做的成本通常比保留现有客户的成本要高得多。

在某种意义上，消费体验是使用服务时的每个任务体验的总和。如果客户在试图完成目标和任务的过程中不断受挫，那么他们可能会选择离开。区区一两个考虑不周的触点就会促使这种情况发生。虽然这一点是显而易见的，但还是需要强调一下，消费体验不是只有愉快和不愉快这两个极端。

作为客户，我们对服务的质量和价值所抱有的期望超过了对日常事务的期望。这些期望是根据品牌和我们在其他服务中的体验来设定的，并与我们所支付的费用密切相关。对比一下廉价航空和高级头等舱，每个品牌的承诺都设定了我们对服务的期望。如果体验与期望不符，我们就会大失所望，并更有可能下一次选择其他品牌。在这种情况下，糟糕的服务所带来的情绪不仅仅是沮丧，还体现了我们花钱买到的质量。我们可能很不喜欢经济舱的服务（大多数人都不喜欢），但我们在购买廉价机票时已经预料到了这种情况。显然，理想的情况是，即使是便宜的服务，比如廉价航空，也能提供良好的体验。通过降低服务质量来节约成本的风险在于，低价恶意竞争将会迅速到来。当其他许多企业都在价格上进行竞争的时候，服务质量就成了差异点。服务质量往往是公司文化的一部分，而文化一旦形成，就很难重构。

在许多方面，管理消费体验指的是管理服务的交付过程以及客户的期望与实际交付的冲突。不过，把"消费体验"这个词用在教育或医疗等公共领域的服务上，感觉有些奇怪。尽管如此，这个词仍然在公共机构中出现得越来越频繁，因为公共机构发现它们经常被拿来与同行业的商业化机构相比较，而且政治家或其他没有直接参与提供服务的人已经为它们设定了期望。

消费体验比用户体验的周期更长，但一般都有一些限制，比如租车、电话套餐和保险都有合同限制。举例来说，当您在亚马逊上输入信用卡信息进行支付时，您的使用体验可能会是积极的或消极的，而您的消费体验包括了一系列这种较小的、基于任务的互动。消费体验是客户与服务的互动体验的总和。

7.2.3 服务提供者的体验

尽管用户体验和消费体验的时间跨度较短，但它们在所有服务设计中仍然占据着重要的地位。在许多情况下，服务体验是由客户和他们与触点的互动共同创造的，例如使用售票机或与工作人员交谈。在这些场景中，用户体验可能等同于客户体验。如果有人在机场不会操作自助值机设备，并且办理登机手续的柜台前工作人员都没有空，那么自助终端触点糟糕的用户体验也是一种糟糕的客户体验和服务体验。

服务设计与用户体验设计或消费体验设计的一个区别在于，服务设计并不只是关注一个方向。尽管服务设计项目和服务蓝图经常使用后台/前台的比喻，但这种比喻在很多情况下都不适用，因为它只关注前台的、面向用户的体验。

思考人们在服务中扮演的角色时，一个实用的方法是把"离开舞台"的每一个出口都看作是其他地方的入口，尤其是在参与提供服务的工作人员既是服务对象又是服务提供者的情况下。

扩展一下我们之前的例子。护士至少要在两个方向上提供服务，这两个方向分别是病患和医生。同时，护士自己也在使用医院的内部服务（比如 IT 系统、餐饮和安全服务）、商业实验室服务和其他信息来源（比如救护车司机、其他护士、文献、传单和数据库）。

此外，病患及其亲属或护理人员也会提供信息，并且在某些情况下会为护士提供服务。安迪两岁的女儿在意大利度假时摔断了胳膊（我们俩的女儿似乎很容易出意外），护士们充分借助于安迪的一位能说意大利语的朋友，而没有另外找翻译服务。

在这种情况下，客户 / 用户这两个术语就不再适用了。我们该怎么称呼护士？她既不是客户，又不是用户——这些词和思考如何为她的需求进行设计的方式还不够深入。根据参与者网络理论，我们可以把她称为参与者或者称为代理人，但是在为她进行设计时，最简单的方法也许是单纯地把她看作是一个在两个方向上都有互动的角色。

7.2.4　感性体验

我们研究和设计公司与客户之间的服务互动经验表明，如果在与客户联络时并没有真正做到个性化，那么人们能够直接看穿这些所谓的"个性化"背后的真相。我们在第 1 章中提到的一封明显使用模板的个性化邮件，就是一个很明显的例子。不太明显的例子是一些人假装对客户感兴趣并与之进行交流，但实际上是在念脚本，并且在交流过程中没有投入任何情感。如果他们并不真正关心客户而只是在机械地走流程的话，客户就会感到与他们之间存在隔阂。

从本和安迪的医院故事可以看出，有些服务体验的重点不在于任务或客户，而是在于更深的层次上对我们的情感有更显著的影响。大多数人在周期较长的公共服务中都有这样的体验，比如教育或医疗。当我们与这些服务互动时，我们诚然觉得有任务需要顺利完成，但我们同时也认为这些服务的交付理应有价值，因为它们影响着我们的成长和自我认知。为了从每个学生身上节约成本而简化教学，就会丧失教育的意义。感性体验包含丰富的情感——骄傲、尴尬、羞耻、兴奋、绝望、快乐、抑郁、爱、恨——以及由较小的日常体验引起的情绪波动，比如孩子开口说的第一句话、工作中的晋升，甚至仅仅是一次与陌生人的友好互动。

当服务设计师开始把自己的技能应用到个人、公共和社会项目中时，必须考虑到服务对人及其自我认知的影响。如果在感性体验这一层面出了问题，后果就不是令客户不满或普通的经济问题——对品牌形象的损害或错失销售机会——那么简单，而是会影响到服务对象一生的发展。

这类感性体验的持续时间往往较长，不过也可能包括一些持续时间较短但会伴随人们一生的体验。在这里，教育也是一个很好的例子。大多数人都有一些被某位老师最终理解或不公平地误解的记忆。这些经历会在人们的成年生活中继续造成积极或消极的影响。

服务的人性影响对品牌体验和商业服务的底线也很重要。在酒店住宿或与通信公司的客服中心通话时，如果体验不佳，会使客户非常恼火，并且以后可能选择去其他地方消费。在公共服务领域，比如医疗、交通、福利或能源领域，感性体验是至关重要的，因为这些服务的用户往往没有其他选择。可悲的是，许多公共服务是以政府垄断的方式经营的，在这种情况下，它们缺乏改善服务的动力，同时又背负着巨大的削减成本的压力。服务设计师虽然不能单枪匹马地改变世界，但可以提供一系列方式和方法在服务系统和人的价值之间架起桥梁。

尽管本的女儿舌头已经成功缝合，安迪的女儿手臂上也绑着石膏离开热那亚的医院，但这两件事对两个家庭的影响显然是持久的。虽然女儿的痊愈帮助我们把创伤抛在了脑后，但这些事也让我们意识到，在其他情况下，无视感性体验的话，可能会造成更大的伤害和永久性的影响。

这些服务场景中的角色也不是很好区分，因为服务参与者更多参与到服务中时不像客户那样明确。因此，设计服务体验时，服务设计师需要从时间跨度——短期和长期——以及服务的个人和全局背景等方面进行综合考虑。

7.3　期望与体验

产品体验与感知到的质量密切相关。在设计服务时，需要明白一个基本的概念：人们对质量的感知取决于人们的期望和实际体验之间的差距。[①]因此，服务设计师的首要关注点是确保与服务的每一次互动都能为下一次互动设置合理的期望。这意味着在任意时间和任意触点上，质量水平和体验的性质都需要保持不变。

让体验具有平滑曲线的做法与倾向于寻找"关键时刻"（moments of truth）的传统营销智慧相悖，也与致力于创造终极体验的设计师的理想相悖。事实上，当您在某一点上超出了预期时，如果不能一直保持同样的水平，那么下一次互动肯定就会令人失望。有时，您可能需要考虑降低某个触点的质量，以提高整体服务质量体验。一旦在每次互动中都设定协调一致的期望并在下一次互动中满足这些期望，人们就会对质量有所感知。

如果人们获取服务的方式从头到尾都是线性的，并且能够预测，那么就可以像电影或主题公园的游乐设施那样管理体验的起伏，但这在服务中很难实现。客户会自行选择体验服务的速度和路径，所以您只能通过确保一致性来缩小期望和体验之间的差距。这同样适用于语言、视觉设计、交互设计和产品设计。

更重要的是，后台的一致性是成功的关键。CRM（客户关系管理系统）必须经过设计，让客服中心的工作人员接待使用相同语言的网站用户，这样工作人员才能放心。

---

① 要想更深入地了解期望和体验之间的差距背后的理论，可参阅 Valarie Zeithaml, A. Parasuraman, and Leonard L. Berry, *Delivering Quality Service: Balancing Customer Perceptions and Expectations.* (New York: Free Press, 1990)。

客户在线购买的移动电话套餐和他们收到的第一张账单必须保持一致。银行的广告必须与人们使用该银行的 app 时的体验相符。

一旦所有触点都能和谐运作，人们的期望持续得到满足，舒适的服务体验就自然成了。这就是基准线，这么描述听起来可能有点枯燥和无趣，但我们想要论证的是，即使是设计和提供"刚刚合格"的服务，达到基准线，也是很有挑战的，这就是为什么许多服务体验都很糟糕的原因。几乎没有任何公司或组织能达到这个水平，所以需要随着时间的推移进行度量和调整（详见第 8 章）。

期望和体验之间的差距要尽可能地小，就像两条紧紧相邻的铁轨一样，但并不意味着会丧失惊喜的空间。但是，某些事之所以让我们感到惊喜，正是因为它们是意料之外的。

在一个触点上，只要期望与体验有一丁点不匹配，都会导致为提升体验而付出的所有努力功亏一篑。想象您入住豪华酒店，客房里有一大篮子水果，还有友好而周到的工作人员。现在再想象一下，您在浴室的玻璃上看到了一个口红印，或是看到床头柜上有灰尘。您马上就会认为所有其他"豪华"的元素都是在掩饰一个有缺陷的后台流程，而且这些服务都是在敷衍了事。魔咒一旦被打破，其他的一切看起来都像是引诱您多花钱的套路，比如餐柜上 10 美元一瓶的水，它不再让人觉得是"私人定制"。酒店哪怕提供的是低调但干净实在的体验，都比这好得多。话又说回来，一些简单的东西，比如一张手写的欢迎信或一次真诚的交流，也可以为客人带来惊喜，因为它不仅能被感知到，而且还非常个性化。

7.4　把时间视为设计对象

对于服务设计师来说，设计对象是随着时间的推移而产生的体验，尽管这样描述可能显得不太真切，因为服务设计并不是一种抽象的活动。它非常务实，立足于构成服务的各种材料，包括椅子、海报、建筑、机器和界面。不过，还需要考虑到一个关键但微妙的差异。思维方式的转变在于，这些对象不再是设计的主题，而是变成了特性。客户可能会使用它们，也可能不会，而且随着服务的发展，它们会以既独立又相互依存的方式发生变化。服务设计师需要关注这些元素在短期或长期是如何组合在一起的，并且设计师需要帮助协调或指导组合过程。

想要设计更好的体验时，可以通过两种不同的方式来看待时间：关系时间和频率。

关系时间是在客户旅程中体现出来的。它意味着在设计体验时，体验需要与那些处于与服务不同关系阶段的人相关。虽然这一点显而易见，但在许多服务中，人们的期望管理都没有做好，因为服务提供者没有考虑到这个事实：有些人比其他人有更多的时间来熟悉服务。

举例来说，当奥斯陆大学附属医院想要获得病患的更多信息时，他们最初极大地低估了病患第一次来医院时要弄清楚哪里可以停车是一个多么大的挑战。相比不了解药物的确切成分，寻找停车位给人们带来的不确定性和烦躁感更强。而长期病患所担忧的事情则完全相反。这就是客户旅程和服务蓝图是整合服务中长期体验之重要工具的原因。

在设计服务时，互动的频率是另一个不同的考虑方式。一些服务体验，比如新闻服务或火车时刻表，很适合高频互动。其他一些服务，例如缴税，则更适合低频并且可见度低的互动。与服务交流的频率需要在详细的设计规范中加以说明，并且会因服务和触点而异。我们都遇到过一些服务在完全不需要它们的时候打扰我们，占用我们的时间，以及一些我们迫切需要但响应缓慢的服务。设计频率恰当的任务离不开细心、测试和长期监测。

7.5 服务体验的原型设计

接下来，我们要说说原型的必要性、体验设计原型的四个层次以及如何做准备。

7.5.1 为什么要进行原型设计

在开发服务时，如果先设计体验并进行测试，再把资源投入到设计最终运行服务所需要的流程和技术中，可以为组织省下大量的时间和金钱。因此，重要的是创造一个环境，以便能够在开发过程中尽早让真人来尝试使用服务。

服务提供者会告诉您，在需要高效交付成功的服务时，细节决定着成败。有时，貌似微不足道的问题会对用户体验产生巨大的影响。举例来说，界面上不明确的指示或不一致的语言会引发意外，甚至导致用户完全无法使用服务。即使是轻微的不适也足以成为一种阻碍，使人们不愿意从原来的做事方式转换到新的服务上。挑战在于，体验往往很难用理论来说明，也很难以抽象方式来解释。人们需要体验过一种服务或触点之后才能告诉您哪里行不通，哪里又是关键所在。

因为一项新的服务可以为人们提供前所未有的体验，所以使它变得真实可见是很重要的。如果您要求人们想象一项新的服务，他们往往会进行分析并且把注意力放在问题上。而另一方面，如果让人们体验工作原型，一个包含服务互动的触点和流程等关键元素的实物，他们可能会对服务的表现而不是抽象的概念做出反应。

7.5.2 原型制作是一个消除疑虑的过程

产品原型是人们可以拿在手中观察和感知的物体，与之不同的是，服务原型是与多个触点互动的体验，并且在制作原型时，还需要考虑到这些体验如何随着时间和环境的变化而展开。

因为绘制服务设计蓝图时使用了戏剧的比喻，所以我们也可以把体验原型设计比作戏剧。在剧院里，人们通常会看到一个舞台、一些扮演不同角色并且各自都有目标的演员、一些道具还有一个剧本。这些东西结合起来就成了一场演出，即使故事是虚构的，也能造就活灵活现而且往往令人愉快的体验。

可以使用体验原型设计来共同设计一项新的服务。这意味着体验原型既是一种用来构思概念、细节和想法的"写生工具"，也是一种用来验证创造服务时对您提出的任何理论的方式。

以下是体验原型设计时需要考虑的一些问题，这些问题是第 6 章提出的三个问题的延伸。在原型阶段，应该持续地寻找方法来改进这些问题。

1.　人们是否理解服务——新服务的定义和用途是什么？
2.　人们是否明白该服务在自己生活中的价值？
3.　人们是否理解如何使用新的服务？
4.　哪些触点是提供服务的关键？
5.　服务的视觉元素是否起了作用？
6.　语言和术语是否起了作用？
7.　体验原型的测试人员有哪些改进建议？

相比单纯地对人们进行观察和访谈，体验原型可以帮助我们获得更深入的洞察。它提供了关于服务主张和触点的细节的反馈，有时会直接影响到设计最后的细节处理和构建。

7.5.3　体验原型设计的四个层次

体验原型的范围很广，可以是快速但粗糙的，也可以花费较长时间来精心设计。我们通常把原型设计分为几个层次，分别是低成本的半结构化讨论、演练式参与、更复杂的模拟和全方位试点（图 7.2）。通常情况下，高效的原型测试是由这几个层次的元素混合而成的。当然，预算会随着每个层次的细节增加而增加，所以可能会发现每个阶段的原型设计都会促使委托方决定继续设计下一个层次的原型。

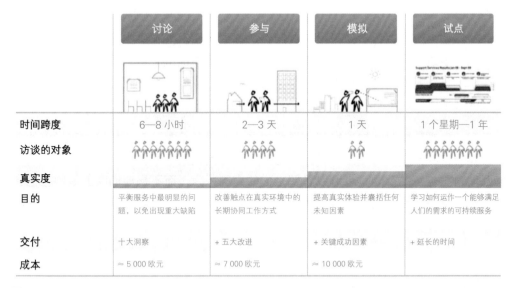

	讨论	参与	模拟	试点
时间跨度	6—8 小时	2—3 天	1 天	1 个星期—1 年
访谈的对象				
真实度				
目的	平衡服务中最明显的问题，以免出现重大缺陷	改善触点在真实环境中的长期协同工作方式	提高真实体验并囊括任何未知因素	学习如何运作一个能够满足人们的需求的可持续服务
交付	十大洞察	+ 五大改进	+ 关键成功因素	+ 延长的时间
成本	≈ 5 000 欧元	≈ 7 000 欧元	≈ 10 000 欧元	

图 7.2

体验原型设计的四个层次

1. 讨论

讨论式原型和用户洞察访谈极其相似，而且通常是最经济实惠的选择。可以带着一系列的触点模型开展一个小时的访谈，并根据规划的客户旅程来讨论这些触点。受访者只需要做好自己，对触点做出反应，并提供反馈，就像与真正的触点进行交互一样。

讨论的目的是消除服务主张中最明显的问题，避免产生重大缺陷。一个典型的讨论原型涉及 5 到 10 个客户，它所提供的洞察将帮助您完善设计。在尝试确定服务主张时，这是极为有用的。举例来说，可以制作不同的网站页面或营销材料模型，看看人们对不同的服务主张有何反应。人们可能会对定价、特定的服务内容作出反应，或者根本不理解您想推销什么。所有这些信息在概念开发过程中都能够派上用场。

2. 参与

参与式原型中也会进行类似于讨论式原型这样的访谈，但它是在服务的目标环境中进行的。通过在实际地点让服务提供方的工作人员来提供服务，可以为客户带来了真实感。举例来说，可以让客服中心、销售部门、服务台或商店的工作人员使用印刷品或屏幕模型，然后观察客户有何反应。

一旦开始考虑随着时间推移在真实场所中展开的服务元素，又该如何改善触点的协同工作方式呢？参与式原型的目标正是找出这个问题的答案。可以更深入地了解哪些互动对服务至关重要，也可以了解人们的真实行为，而不是他们嘴上说的自己会怎么做。参与式原型通常涉及 2 到 6 个客户，并使您能够确定详细的洞察和设计改进点。

3. 模拟

模拟式原型是上述前两个原型的结合，但细节更为丰富。在模拟式原型中，可能要招募更少的受访者，然而，需要向他们提供完整的服务原型，原型中的触点需要比参与式原型中使用的触点模型更加精细。这需要更多的准备工作，而且根据服务的不同，可能需要某种受控环境来运行原型。这意味着可以在触点的真实使用场所中对触点进行准备，例如百货公司、客户信息中心、公共汽车或火车内部等。

模拟式原型需要更长的时间范围。可以花上几天或几个星期与客户一起工作，观察人们的体验是如何在一系列的互动中发展的。可以测试在人们在不同触点之间移动并逐渐熟悉服务的过程中是如何形成服务体验的。

模拟式原型的目的是了解如何改进触点，以及它们的工作方式应该如何随着时间的推移而变化。举例来说，教学元素一开始可能很有帮助，但如果用户熟悉了服务却仍然无法直接跳过教学，那么它很快就会变得招人厌烦。此外，很可能存在一个或多个 "不确定因素"，在设计达到对应的细节程度之前，这些因素是无法确定的。有时候，这些因素对服务的成功起着决定性的作用，例如一个按钮的名称或一个触点的不合理位置。

典型的模拟式原型涉及 2 到 6 个客户。考虑到预算，2 到 3 个更为常见，但如果负担得起，最好多找几个人。模拟式原型使您能够与开发团队分享更详细的洞察，并确定提升服务体验的方法及成果的关键因素。

4. 试点

如果服务已经有了可用的基础设施和人力，则可以启动一个试点。这一层次的原型设计不再是模拟服务体验，而是真正把服务交付给终端用户。通过持续交付接近完成的服务，在试图满足真实客户的需求的过程中，可以了解到什么是有效的，什么是无效的。试点式原型是测试版的服务，它的整个生命周期都需要支持迭代改进，以便尝试用新的方法来解决问题。

试点式原型的目的是了解在较长的时间范围内，什么样的服务适用于大规模的客户群体，以及需要为这样的服务分配哪些资源。公共服务，比如就业计划，通常会对终端用户产生长达数月或数年的影响（如第 9 章中的 Make It Work 案例研究所示）。试点式原型可以为新的服务设计提供系统性的证据，并且可以佐证解决方案拥有良好的商业理由，客户或用户可以从服务中获得持续的、有所提升的价值。

7.5.4 　为体验原型做准备

显然，出于时间和预算上的限制，模型、道具、地点和人员方面所需要的具体细节层次在每个项目中有所不同，但无论是哪个层次，都需要完成三个关键的步骤。

步骤 1：客户旅程

开发一个或多个客户旅程，描述您想和客户一起表演什么。仔细考虑从"认识"到"离开"的每一步，是很有价值的（图 7.3）。这能够为您提供对新服务生命周期中每一个环节的反馈。新的服务是否容易理解？人们的接受程度如何？当人们需要更改什么或是想停止使用服务时，应该怎样？

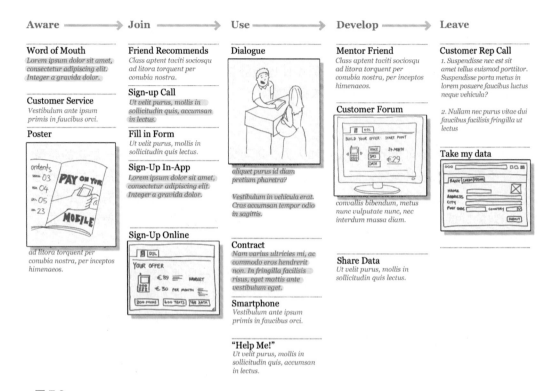

Aware →	Join →	Use →	Develop →	Leave
Word of Mouth *Lorem ipsum dolor sit amet, consectetur adipiscing elit. Integer a gravida dolor.*	**Friend Recommends** *Class aptent taciti sociosqu ad litora torquent per conubia nostra.*	**Dialogue**	**Mentor Friend** *Class aptent taciti sociosqu ad litora torquent per conubia nostra, per inceptos himenaeos.*	**Customer Rep Call** *1. Suspendisse nec est sit amet tellus euismod porttitor. Suspendisse porta metus in lorem posuere faucibus luctus neque vehicula?*
Customer Service *Vestibulum ante ipsum primis in faucibus orci.*	**Sign-up Call** *Ut velit purus, mollis in sollicitudin quis, accumsan in lectus.*			*2. Nullam nec purus vitae dui faucibus facilisis fringilla ut lectus*

图 7.3
高亮显示关键触点的文字版基础蓝图，已经为原型设计的模型做好了准备

客户旅程被用作原型的草稿，其中要说明需要哪些参与者以及必要的实物。在这里，可以回到完整的服务蓝图并将它与在调研阶段获得的对用户的洞察结合起来。接着，可以使用自己为体验原型创建的特定触点，带领某类用户走完一段旅程。

步骤 2：人

参与者

在招募参与者来体验原型时，首先考虑是否需要服务提供方（即甲方或委托方）提

供帮助。是否需要具备特定技能或拥有与公司、产品或服务相关的知识的人员？

接下来需要招募潜在客户。方式与为用户洞察访谈招募受访者时采用的方式相同。招募具有相关特征或处于服务旅程的不同阶段的人，使其能在客户旅程的不同阶段发挥作用（图 7.4）。

图 7.4
奥斯陆交通项目的原型设计：iPad 上的新型售票机（上）和标牌海报（下）的手绘草图

角色
为了使参与者能够演绎原型，需要为他们明确定义角色。应该要求他们表现出真实的自己，但最好根据场景向他们提供一些角色的细节。举例来说，可以让医院中的一位病人扮演生病之前的自己，或者让银行的一位客户想象他已经使用这项服务很多年了。

目标
在向参与者说明情况时，还要记住得是为他们与服务的交互设定一个目标或预期。例如，可以要求他们使用公共汽车和新地图横穿城镇，或者让医生开一种新药。在剧院里，角色的目标是创造喜剧效果的关键。同样，应该确保自己给参与者设定的目标能够揭示出服务中潜在的问题。

步骤 3：实物

需要为想要演绎的核心交互创造有形的工件，并决定它们需要达到怎样的质量水平和真实程度。对于一部分原型而言，几份手绘草图或打印文件就足够了；另一些原型则可能需要在电脑上进行点击或运行实时模拟。开始在实际场景中制作原型之前，需要先设计实物，并将其用作旅程的一部分在项目团队内部进行测试。参与者要花时间来测试您的工作，如果原型太不可靠的话，即使有钱拿，他们也会心生厌烦。

一定要牢记原型的目的。如果知道某项服务一定行得通，就没有必要再为它设计原型。举例来说，对于一个使用标准注册表和确认邮件模板的网站注册服务，可能就不需要再进行原型设计，除非它的某些方面出现在洞察研究中并表明它是一个侧重服务决定着成败的问题（service-critical problem）。

应该专注于把对服务体验至关重要的元素做成原型，或者把那些除非亲身试用否则难以度量体验的未知元素做成原型。与服务的其他部分相比，这些元素需要以更高的保真度来进行原型设计（图 7.5）。举例来说，假设您正在为售票机设计原型，而屏幕上的流程是最重要的，那么在 iPad 上模拟这个流程，并向别人展示它，您就可以很好地了解它在实际场景中的运作情况。另一方面，为了加强无障碍体验，也许重新设计售票机本身的外观更为重要，在这种情况下，可能需要花更多时间用泡沫板制作一个售票机模型，并请一位参与者坐在轮椅上试用。

图 7.5
为了模拟购买新保险的过程，客户在一个星期内使用了高保真的表格、信件和手册模型

7.5.5 体验原型的可行性

想一想自己需要用哪些工具来记录和运行原型。通常情况下，很多人都想要拍照或者需要用手机来发送信息或打电话。下面介绍一些设计快捷有效的原型的实用技巧。

1. 监听客服中心的原型

为客户设计脚本和材料。分别在客户处和客服中心员工处安排一名研究人员（图7.6）。观察双方是如何进行对话的，这将有助于理解客户的需求以及员工提供优质服务所需要的条件。请确保自己向客户提供的号码能够直接联系到研究人员身旁的那位客服中心员工。

图 7.6

两位研究人员分别待在与客户和客服中心员工身边，对销售电话的两端进行监听和观察，从中了解用户对工具和材料原型的反应

2. 用 Excel 制作网站

如果需要测试网站表单，可以轻松地在 Excel 中建立公式并将数据可视化。把它装扮成网站的模样，把浏览器边框粘贴到它的周围，如此一来，只需要花上几个小时，就可以建好一个高级的网页原型。

3. 便宜的组合式家具

如果需要测试物理环境的动态变化，那么像宜家这样的商店就可以提供大部分组件，用来实验真实度高的物理环境的不同布局。如果收集了一系列道具，那么重复使用这些道具就比每次都用塑料泡沫板制作模型划算得多。对于在项目组内部进行的粗略模拟，则可以选用本地商店常见的纸板箱。

4. 原型设计博客

博客平台，比如 Wordpress、Textpattern 和 MovableType，将洞察材料集中到一处供大家快速查看和评论（参见第 4 章中的"洞察博客"），不过，它们也很适合用来快速建立网络原型和 / 或收集服务反馈。如果内部有优秀的网络人才，您可能想从头开始快速整合一些内容，但如果只是想表达总体服务主张，而不是具体的用户界面或可用性的话，那么在博客模板的基础上稍作修改通常是更简单的做法（图 7.7）。当然，原型可以像一个近乎完成的测试版网站一样精细，但那样显得有些多此一举。

图 7.7

使用博客平台来制作 Surebox
网站的原型

在测试阶段,用户接受招募并在最终开发服务的早期获得特定时间段(比如6个星期)的服务使用权。他们按要求使用服务,并通过博客对服务表现提供反馈。

基于原来的洞察研究,在线原型设计提供了来自用户的新输入,能够帮助设计师进一步了解可用性、清晰度和可取性。实施改进之后,用户就会再次按要求在迭代的过程中提供反馈。

在整个过程中,定期与用户保持联系,鼓励他们参与并在必要时为他们提供支持。每记录一条反馈信息,就发放现金或代金券等作为奖励。

这种技术非常有助于发现可用性方面的问题,重度依赖于网页的服务非常需要恰当的可用性测试和专业知识,但在早期阶段,快速做成的原型可以明确服务的定义并明确除预期的用法服务可能还有其他哪些用法。

小结

如果服务在所有触点和时间上都保持协调一致时,就能提供良好的体验。在设计服务体验时,请记住以下几点。

- 设计时要考虑到时间和情境。
- 在设计触点之间的联系时,要像设计触点本身时那样用心。
- 每次交互都设定一致的期望,并满足这些期望。
- 设计时要考虑到用户和工作人员的体验。

制作一些原型来确定自己的服务设计是否能组成连贯的体验。通常情况下,只有在有人使用过服务触点之后,才能知道触点的"感觉"如何。设计服务原型时,要采取以下几个步骤。

- 确定要演练的客户旅程。

- 确定参与者的角色和目标。
- 设计实物 / 触点。
- 准备好额外工具和基础设施。
- 在真实情境下进行服务体验的角色扮演。

习题

1. 体验可以分为那几个类别?

2. 体验原型的设计分为几个层次?

3. 在服务设计中，如何把时间作为设计对象?

第 8 章

服务度量

服务设计师和服务提供者都需要能够证明设计能够带来投资回报。赚取的利润或省下的开支、客户或用户体验的改善、为社会创造的值或对环境影响的降低，这些都可以用来度量结果。

我们还没有找到一种完美的度量方法能够单独为服务设计的价值提供可靠的证明。不过，可以确定的是，在启用新的设计之前，必须设定一些度量标准，然后通过跟踪这些参数来证明服务的价值并进行改进。如果把服务质量指标的定义写入方案中，不仅对自己有好处，而且还有利于整个服务设计领域。每个服务设计项目的具体度量标准可能有所不同。

在工业时代，亨利·福特和阿尔弗雷德·P. 斯隆①这样的传奇领袖建立了科学的企业度量体系，使企业能够"通过数据进行管理"。然而，人们很快就意识到，这种方法缺乏确保质量和不断改善服务表现所需要的系统化手段。②

第二次世界大战后，美国统计学家和管理大师爱德华·戴明开创了一种更加系统化的方法，并在日本的汽车行业中首次证明了该方法的有效性。20 世纪 90 年代，这种方法被称为"精益企业"或"精益制造"，它专注于消除制造过程中每一处微小的缺陷。服务行业中的许多企业将精益方法用来改善服务，但这种方法是在传统工业中发扬光大的，尽管它或许能使服务的交付更加高效，但它几乎无法改善客户体验。讽刺的是，戴明自己也认为，只关注效率和消除产品缺陷这样的行为是目光短浅的。相反，公司应该尝试预测潜在的客户需求，思考从现在开始的 5 到 10 年后需要什么样的产品或服务，并朝着这个未来进行创新。③尽管可持续发展计划要求公司考虑产品的整个生命周期，但以工业角度来看，度量生产效率是有意义的。然而对于服务，必须度量"消费 / 使用"，也就是服务提供方的代理人和用户的体验。④

---

① 译注：Alfd P. Sloan（1875—1966），通用汽车公司第八任总裁，事业部制组织结构的首创人。

② 参见 John Seddon, Freedom from Command and Control: A Better Way to Make the Work Work（Buckingham, UK: Vanguard Consulting Ltd, 2003）。

③ 参见 W. Edwards Deming, *The New Economics for Industry, Government, Education*, 2nd ed.（Cambridge, MA: MIT Press, 2000），中译本《戴明的新经济观》。

④ 参见 James P. Womack and Daniel T. Jones, "Lean Consumption," *Harvard Business Review*, March 2005, http://hbr.org/2005/03/lean-consumption/ar/1。

如果以人们在使用服务时遇到的问题和成果为基础进行度量，就能更好地在改善客户体验的同时优化服务的交付。只要把客户体验作为度量的基准，效率和体验就并非不可兼得，因为效率的提升通常与客户的积极体验相辅相成。

举例来说，受保人往往会指出，他们认为在索赔后能快速得到赔付非常重要。当保险公司满足了客户的这一需求时，他们会发现自己省下了很多处理时间，因为客户并不需要那么多互动。他们还发现，人们索赔的金额往往会更低。在发生入室盗窃案后，保险公司完成赔付的速度越快，人们列出的丢失物品就越少。双方都取得了满意的结果。

从外部进行度量的另一个好处是，它使公司能够以更精确的方式与竞争对手进行比较。公司无法从竞争对手那里取得客服中心的响应速度相关数据，但公司可以通过与竞争对手的客户交谈来轻松了解竞争对手的情况。竞争对手的客户接通客服中心电话的速度是否比他们自己的客户更快?

和设计时一样，在进行度量的时候，也要从客户的角度出发。

8.1　为了共同利益而度量

传统意义上，度量被认为是管理层用来更好地控制和发展其业务的一种手段。然而，在过去的十年间，数字化系统已经大大降低了数据的获取成本，并使管理层、一线员工和客户能够更轻松地得到这些数据。这种数据的民主化意味着度量的目的正在发生改变，不再只是提供给管理层的工具。如今，度量成为一种让管理层、一线员工和客户参与到协作式服务改进中的方式。一旦度量变得透明，就有机会使改进成为大家共同的目标，而不是痛苦的源泉。

良好的客户反馈渠道使客户能够将问题和机会传达给服务提供方。客户评价和购买模式使客户能够根据其他人的体验做出更好的选择。这个度量指标同样也为管理层和工作人员设定了一个标准。当这些数据得到内部业务数据的支持时，管理层和员工就更能齐心协力地合作，以满足客户的需求并提高效率。

在开始讨论哪些数据值得度量之前，必须强调一下，度量这一行为本身和度量的内容一样重要。大多数管理人员都会表示，在度量了某件事情后，它就会得到改善，并且人们在做选择时很可能会相信其他消费者提供的信息（图 8.1）。归根结底，应该先确定哪些方面最有可能在组织内创造共同进步的文化，再据此来决定要度量的内容。这样做能够与客户创造有价值的长期关系，并实现可持续增长。

图 8.1
安卓市场的界面证明度量指标已成为购买体验的组成部分，为服务提供方和客户提供实时数据

8.2　与管理层建立信任关系

高层管理人员的支持对任何设计工作都是至关重要的，对度量工作也不例外。如果领导层不理解度量背后的战略理由，他们就不可能认真对待度量结果，也不可能根据度量结果来采取行动。这种情况在服务设计项目中尤其明显，因为这个过程往往涉及组织内部文化观念的改变。

人们期望 CEO 能基于坚实的数据来设立目标，但一旦涉及支持客户体验，有责任心的管理人员不仅会参考电子表格中的数据，还会根据自己的推断来采取行动。

因此，在如何使服务取得成功的这一问题上，设计师需要帮助管理人员得出他们自己的结论。在涉及终端用户的时候，设计师们往往会主动站在用户的立场上说话，但是在涉及委托方时，设计师的同理心就消失了。CEO 也是人，他们有自己的需求、动机和行为，而设计师可以通过揭示和传达一些不证自明的事实来帮助他们，然后 CEO 也能够轻松地将这些事实分享给他们的组织。关于事实的一些例子如下所示。

- "身为行业的领导者，我们只有提高利润率才能发展。因此，我们需要提供最优质的客户体验。"
- "我们是市场的新进入者，需要以更低的价格为客户提供更多东西。因此，我们需要提供最优质的客户体验。"
- "市场已经饱和，我们需要致力于留住老客户，而不是获取新的客户。因此，我们需要提供最优质的客户体验。"
- "我们需要依靠迅速获得群聚效应（critical mass）[①] 来取得成功。因此，我们需要提供最优质的客户体验。"
- "开发新的特性成本很高，而且不能为我们带来明显的竞争优势。因此，我们需要提供最优质的客户体验。"

---

① 译注：即发生某事所需要的人或物的最低数量。这是一个社会动力学名词，用来描述一个社会系统里某件事情的存在已达到一个足够的动量，使其能够自我维持并为往后的成长提供动力。

- "客户不了解我们的技术多么智能，因此，我们需要提供最优质的客户体验。"
- "和临床结果一样，病患的体验对他们的幸福感也很重要。因此，我们需要提供最优质的就诊体验。"
- "作为市场的垄断者，我们很容易不受客户待见。因此，我们需要提供最优质的客户体验。"
- "我们产品的声誉因为受到我们忽视的客户服务而受到损害。因此，我们需要提供最优质的客户体验。"

这个清单可以一直列下去，显然，它不仅适用于客户与服务提供方的关系，也适用于公共服务组织。问题的关键在于，在投资进行服务设计之前，管理层需要看到简单而合理的投资理由，这意味着设计师需要通过衡量体系来支持这些决定。

最直接的方法是将服务体验是成功的关键这一事实确定下来，然后衡量它是如何带来成功的。如果逻辑对了，那么当客户体验得到改善时，利润足以证明一切。

8.3 在设计和发布前定义基准数据

为了使工作更有重点，使每个人都更有责任感，我们在开展设计工作时，事先要确定好需要度量什么。目标可能会随着创新解决方案的出现、战略的改变或竞争的白热化而发生改变，但在接近发布时，确定用于度量的基准数据非常重要。需要用之前的数据来证明之后的成功。

正如大多数设计师所经历的那样，除非从事包装设计工作，否则很难有数据能证明单靠设计而取得的商业结果。影响结果的因素太多了，不能全部归因于设计，不过，没有什么比金钱更能证明成功了。如果在项目开始时就确定了要度量的对象，就更有机会用确凿的经济证据来证明设计工作所带来的影响。

访谈：我们已经这样做了，不是吗？

当我向 MBA 学员介绍服务设计时，他们告诉我，管理人员早就这么做了。尝试了解客户的生活和需求，然后设计出适合他们的产品？做过了。使用这些洞察来指导服务的创建？做过了。整合组织资源，为特定细分市场提供特定产品？做过了。利用服务交付过程中得到的经验教训来使组织致力于持续改进？做过了。

这样的回答触及服务设计专业人员所面临的问题核心。服务设计的核心显然是所有组织的生计来源。这是他们应该做的，或者是他们认为自己已经在做的。服务设计听起来像是市场营销、运营管理、IT、设施管理、组织设计和人力资源的大融合，再加上一点点变革管理。

如果仔细观察的话，会发现它看起来更像是设计，而不是管理，事实也如此。不过，比起其他任何设计领域，服务设计与组织的基础有更紧密的联系。服务设计的核心是人、技术和物品、流程以及在组织日常运作中创造价值的所有这些事物的大融合，正如组织的员工、利益相关者、客户、用户、监管人员、合作伙伴和竞争对手所定义的那样。

服务设计中的"做什么"似乎是由管理人员来决定的，而不是由设计师决定的。但"怎么做"就不一样了。而且，做这件事所需要的方式、方法和技能（也就是"如何"实际上也改变了"什么"。管理人员认为的分析性和抽象性的工作变成了具有生产力且实质化的工作。组织中原本互不相干的事物变得彼此关联。可以发现，组织实际上是由人与物、人与人之间随时随地发生的多重交互动态构成的。

对于有需要服务的对象和目标的组织（无论组织是否认为自己是在提供服务），服务设计的实践（在我教学和研究的版本中）都很重要，因为它具有三个关键特点。首先，服务设计的中心是关注与数字化触点和实体触点在不同时间和地点下的体验和交互。服务设计认为用户在积极地参与创造这些体验，而不是组织设计的被动接

访谈：我们已经这样做了，不是吗？（续）

受者。对用户来说，正是这些交互构成了组织，它们并不是组织的附属品。因此，管理工作的核心是要设计特定的途径和参与方式，同时也要明白没有任何接触会完全按照剧本来，总会有意外发生。

其次，服务设计是通过创造和使用客户旅程图与蓝图等工件来进行的。这些工件都是重要的"边界对象"[①]，能够帮助跨职能和跨组织的团队从他们的专业领域出发，提出概念并探索他们共同关心的问题，即：组织的服务是由各种人和物之间的交互构成的。服务蓝图这样的文件使得各个团队能够完成创建和运行服务所需要的工作，并帮助他们了解自己的工作与其他工作（包括终端用户在内）的关系。创建和使用这样的组织工件应该是管理人员和项目领导的核心关注点，为了适应特定的组织环境和目的，需要对这些方法进行自定义。

第三，服务设计实践涉及细节和整体之间的反复缩放。描述服务体验或价值主张的宏大叙事或愿景是必要的，不过，持续地尝试描述微小的细节也是必要的——咨询室的布局、网站的导航或者票据的信息设计。服务设计方法要求我们在每一个细节之间反复推敲，不能因为觉得这些琐碎细节无关紧要就把它们都留到开发的后期。

接触到这些概念后，我的 MBA 学生对自己的工作有了不同的看法和思考。他们有了新的方式来完成核心工作。这些概念也改变了他们对自己的工作的认知。它使他们走上了一条在团队中培养和维持设计师文化的道路，以体验为基础的设计实践融入这种文化之中。

---

① "边界对象"一词来自社会科学研究；请参见 S. L. Star and J. R. Griesemer, "Institutional Ecology, 'Translations' and Boundary Objects: Amateurs and Professionals in Berkeley's Museum of Vertebrate Zoology, 1907–39," Social Studies of Science19 (1989): 387–420.

本书中描述的服务设计方法也能为设计领域的专业人员带来启示。正如这里所讨论的那样，为服务而设计不仅仅是设计的一种新形式。它还把设计师实践放在了为服务设计而开展的组织活动的中心。设计师的知识和技能使他们成为创造边界对象的合适人选，这些边界对象能够帮助团队共同设计服务。它使设计师有机会创造新的方法来探索与阐明不同时间和地点下的服务体验，以及支持这些体验的运营活动。

服务设计还推动着设计师向着他们可能并不喜欢的方向前进。它要求设计师更积极地思考他们所设计的不同种类的数字化和实物产品之间的关系，以及这些产品与组织的后台运作或与参与网络化组织模型的贡献者与社区之间的关系。设计师必须更深入地理解和说明各类资源，以及为了创造价值又该如何配置这些资源。

总之，服务设计既熟悉又新颖。它是管理人员和企业家已经在做的事情，但它又能使他们的工作变得不同。它和一部分设计师已经在做的事情很相似，但又要求其他许多人做出改变。再过十年，它可能不会再被称为"服务设计"，但就目前而言，对所有设计服务的人而言，它是一种宝贵的补充资源。

关于作者

露西·金博尔 [1] 是牛津大学赛德商学院的助理研究员，自 2005 年以来，她一直在为 MBA 学员教服务设计课程。

———————
[1] 译注：她的研究着眼于设计思维的产生与发展，以及利用设计方面的专业知识来解决组织、社会和公共政策问题。她在英国内阁办公室政策实验室担任过 AHRC 研究员，在布莱顿大学担任过首席研究员。此外，她还是英国首批数字艺术团体的联合创始人。

8.4 为投资回报提供依据

服务提供方往往很难理解服务设计潜在的投资回报。为服务设计提出商业论证的关键是，聚焦于这项工作如何改变客户的行为，然后用数字来预估它对业务的潜在影响。

这个方法的一个例子是弗雷斯特的调研报告，其中论证了客户体验改善所带来的商业价值。[①] 以行为的改变为基础，这个模型囊括了不同行业改进客户体验的成本及潜在的收益。

服务设计项目中经常涉及的一些典型行为可以转化为利润：

- 新的销售：赢得新的客户
- 使用时间增加：提升客户忠诚度和留存率
- 使用更加频繁：来自每个客户的收益增加
- 销量提升：来自同一服务提供方的其他服务销售额增加
- 自助服务增多：成本降低
- 交付过程优化：成本降低
- 提升质量：性价比和竞争力提升

在为服务设计项目制定计划时，明智的做法是快速确定关键目标，并为这些目标指定具体的指标，无论目标是商业、社会还是环境方面的。这有助于动员管理人员、证明投资的合理性并为设计工作提供方向。这也意味着度量的是自己试图影响的东西，而不是别人擅自决定的。需要确保度量具有可比性。

确定了要度量的行为和体验后，为了实现帮助大家持续学习和提升的目的，需要明确如何追踪这些行为和体验。

虽然前面的列表提到"客户"一词，但这种度量策略不仅适用于商业项目，还适用于非营利性项目和公共服务项目。事实上，在涉及公共资金时，更适合用这种度量策略

---

① 参见 Megan Burns, with Harley Manning and Jennifer Peterson, "Model the ROI of Customer Experience Improvement Projects: A How-To Guide," Forrester Research report, August 12, 2011, www.forrester.com/rb/Research/model_roi_of_customer_experience_improvement_projects/q/id/59070/t/2。

来为设计提供投资理由，尤其是在预算紧缩时期。作为设计师，我们应该利用自己的同理心技能来理解委托方的需求和动机，就像理解我们的终端用户那样。

8.5　使用服务蓝图来建立度量体系

怎样才能真正以服务为导向来模拟和度量设计的价值呢？度量服务的实用方法之一是回到服务蓝图。用服务蓝图捕捉到用户与服务交互的关键时刻之后，就已经知道了自己想用设计来影响什么，而这正是您想要度量的。因此，服务蓝图不仅可以用来规划和设计服务，还可以作为业务工具用来分析哪里会产生成本和收入，以及它们整体上将如何影响服务体验。服务蓝图可以将硬性业务指标与服务的软性体验结合起来，并能够确保所有人——管理人员、员工和设计团队——能够达成共识。从下文中可以看到，和设计服务体验及制定服务主张时一样，我们要找的是能够以跨时间、跨触点渠道的方式来进行度量的指标。

8.6　用钱来说话

无论我们自己如何看待设计对人们生活和体验的价值，都需要论证服务设计是业务关键型的活动，我们需要用简单而有效的模型来显示价值是如何在系统中流动的，以及设计决策是如何对它造成直接影响的。

服务交付的两个决定性特征提供了一个框架，可以用于整合业务建模与设计过程。这两个特征如下。

1.　服务必须适应人们随时间而变化的需求。
2.　人们通过多个触点与服务交互。

转到成本和收益的角度来观察这些特征，可以为我们提供一种方式，能够真正以服务为导向来建立商业案例模型和度量结果。

1.　客户旅程中的成本和收益：通过分解客户旅程各个阶段的业务模型，可以在为客户创造价值的地方建立模型来节约成本和增加收入。

2. 触点中的成本和收益：通过分解各个触点的业务模型，可以在为客户创造价值的同时，对成本可降低、收入可提升的渠道进行建模。

使用服务蓝图来仔细查看与客户单次互动的经济效益，或拉远查看服务的总体经济效益，使管理人员能够确定交互的投资优先级，并分析整体的服务主张是否能够产生投资回报（图 8.2）。

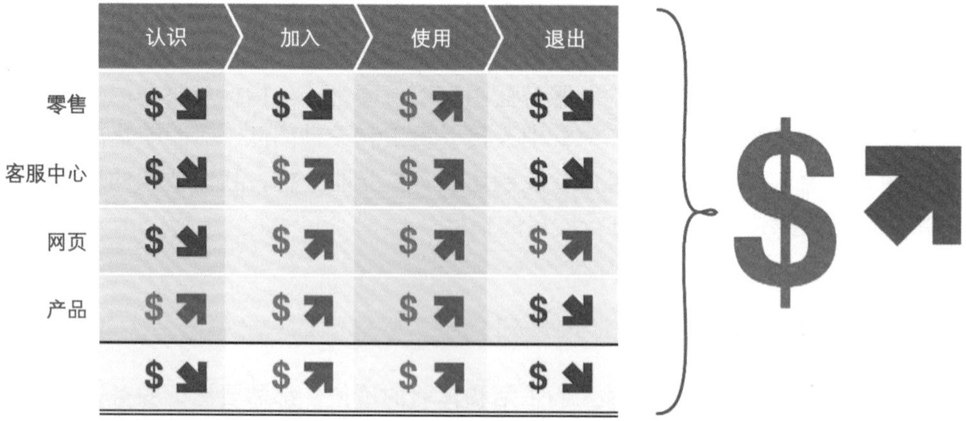

图 8.2
转化为商业论证的服务蓝图。我们没有在其中描述设计细节，而是使用这个框架来计算整个客户旅程中的成本和收益。该工具有助于为在互动中创造良好体验提供投资理由，此时的支出可能会在另一个渠道或以后的阶段中转为收益

8.7 避免服务度量的常见错误

在进行服务度量时，须避免以下三个常见的错误。

1. 度量长期体验

在度量服务体验时，企业常犯的第一个错误是与客户或用户只有一次交流。然而，度量人们在旅程中不同阶段的体验是至关重要的。客户或用户刚开始接触一项服务

的时候，和使用了一段时间后相比，他们的理解和期望会有很大的变化。

例如，当一个人刚确诊患癌而入院时，往往无法理解医生为什么建议采用某种治疗方案而不是另一种。病人只能承受简单的事实，他的问题始终围绕着"我活下来的可能性有多大？"而展开。然而，经过三个月的化疗，患者很可能已经能够判断护士使用的剂量是否正确，也掌握了足够多的医学术语，能够像医生一样阅读学术论文了。

服务是否满足了人们在不同阶段的期望，这才是需要度量的。如果人们在初次使用服务时有很好的体验，那么在之后的日常使用中，服务是否满足了人们的期望？如果服务很容易上手，那么在人们能够熟练使用它之后，是否会给他们带来更深刻的体验？人们会在哪些情况下考虑更换服务提供商？他们离开一项服务的难度有多大？

为了得到这些问题的答案，可以持续追踪个别客户，度量他们的长期体验，或者也可以与几个处于不同阶段的客户接触，了解他们的期望和实际体验有何变化。大多数公司都想要在获客和客户留存上做到最好。顺着客户旅程的不同阶段进行度量，使其能够更出色地完成这两项工作。如此一来，收入和利润也就自然而然得到了提升。

2. 跨触点度量

企业常犯的第二个错误是向只用单一服务渠道的客户征求意见。如果只需要了解单一触点的质量（"您觉得我们的网站怎么样？"），那么这样做是可行的，但它无法为您提供任何有关整体服务体验质量的有价值的数据。

因此，需要度量人们跨多个触点的体验，因为这能够揭示期望和体验之间的关系（"您们的网站很好，但和真人交流的体验让我很失望。我要换用另一家银行了。"）。

通过跨触点度量，我们可以了解到哪些渠道将客户的期望定得太高以至于下一次互动无法满足客户的期待，哪些渠道的表现太差以至于跟不上整个服务体验中的其他环节。破坏了服务体验的正是这些异常触点，而不是那些每次都能达到预期效果的触点。

3. 与员工分享客户满意度的度量标准

大多数企业都会用关键绩效指标（key performance indicator，KPI）来度量员工，这些指标是员工绩效考核和薪酬体系的一部分。通常，设定这些指标的目的是帮助管理人员就生产力和效率与员工进行对话。但实际上，坚持这种自上而下的度量角度其实是另一个常见的错误。

持续与员工分享客户满意度数据是非常有用的。一些组织会在客户与员工的每一次互动后度量满意度，并将这些数据反馈给所有员工。员工可以看到自己的表现是否达到了客户的期望。部门中的同事可以相互比较，也可以对自己部门的表现与其他部门的进行横向对比。

这个主张一开始可能显得比较有风险，但事实证明，这种反馈对员工有激励作用。它让员工能够着眼于生产力之外，让他们更积极地参与交付高质量的服务。它帮员工标记了阻碍他们提供优质服务的系统性问题，并打下了良好的对话基础，让员工之间能够讨论如何改善客户体验。

归根结底，优质的客户服务是一线员工真正关心的。他们中的大多数人之所以选择这一岗位，就是因为他们喜欢与人交流，也很享受帮助其他人并让其他人绽放微笑的过程。在度量服务体验时，尽可能让数据对每个人都透明，并将数据格式化，让大家能够通力协作，以促进持续改进，这么做一定能给您带来回报。

研究表明，客户满意度直接影响着客户购买服务的意愿和对服务提供商的忠诚度。

8.8　服务度量框架

对服务进行度量时，可以采用下面几个框架。

1. 净推荐值

在度量满意度的各种花样百出的方法中，有一个十分流行的框架是净推荐值（Net

Promoter Score）。这个方法最大的优势在于简单，客户只需要回答一个简单的问题：
"您向朋友或同事推荐我们公司的可能性有多大？"这种类型的调查开展起来相对
简单，而且通用于各行各业。这使得公司可以很简单地将自己的表现与竞争对手进
行比较，并且较高的净推荐值已被证明与业务增长有直接的关系。

这些因素使得净推荐值非常适合用来度量新的服务设计的影响。不过它有一个缺点，
不能告诉您怎么做才能做得更好。

2. 期望的落差

度量客户满意度时，更精细的方法是深入挖掘服务是如何满足或超出人们对它们的
期望的。在调查客户满意度的时候，时间和地点的背景因素也要考虑在内，就更有
可能确定新的设计在哪些方面真正产生了作用以及哪些方面的改进空间最大。

这种方法的难点在于，它需要一个系统化的方法来随着时间的变化来度量客户的满
意度。需要在服务的设计中建立度量体系。

我们看到，在那些把调查顾客满意度当作日常惯例的组织中，度量体系的影响是最
大的。这些组织开发了自己的软件，在服务交付完成后触发调研，汇总来自不同渠
道和不同时期的数据，并将其反馈给管理人员和员工。他们还设立了对结果进行反
思并采取行动的日常规程。

这种对客户满意度的承诺，使得度量服务水平不仅能够达成证明设计价值的目的，
还可以使持续改进的企业文化成为可能。当委托方认真对待这种承诺的时候，设计
服务的度量体系就可以成为服务设计工作中不可分割的一部分。

案例：综合保险公司 Gjensidige 的度量体系

正如我们在第 1 章所描述的那样，挪威最大的综合保险公司 Gjensidige 已经将客户满意度设为公司未来的关键战略方向。作为一个高度重视关键绩效指标的组织，他们需要把数字与目标联系起来。开始"极致客户导向"这个内部项目后，他们还要在整个公司范围内实施全面改进举措，而非只是着眼于个体的提升。

为了使新的战略具象化，他们决定实现一个新的以客户体验为重点的度量系统。其目的有两个：一个是建立新结构，以在整个组织内推行以客户为中心的新理念；另一个是通过具有象征意义的举措来证明度量体验与度量财务表现同样重要。

有几个现成的系统可以用来收集客户满意度相关数据，但 Gjensidige 仍然决定自己搭建系统。这个选择不仅具有成本效益，还能够将数据与现有的财务绩效度量系统结合起来。

新的度量系统的核心理念是实施"个人客户满意度评分"，这意味着所有直接接触客户的员工在每次与客户互动之后，都将获得直接的反馈。

自 2010 年以来，Gjensidige 一直在度量电话或线下网点中所有与客户相关的销售和服务互动。后来，他们还将所有理赔互动都纳入系统中。通过这种方式，他们可以度量客户对保险公司的三种关键体验的满意度："我需要买保险""我这边有东西需要修理"以及"我这边出事了，需要帮助"。

在每次联络后，客户都会第一时间接受网络问卷调查，问卷中的问题是根据 Gjensidige 的理念、触点和实时互动类型来定制的。关注的重点通常是客户是否第一时间得到了帮助以及客户是否认为自己得到了好的建议。在从 0 到 6 的范围内，如果客户给出 3 分或更低的分数，Gjensidige 就会接着问是否可以再次联系客户，力求做出改进。

两年来，为了把自己变成一个崇尚客户至上文化的服务提供商，Gjensidige 公司采取了各种各样的措施，度量系统是其中对客户体验影响最大的一项。

对员工的意义

管理层起初有些担忧员工接受客户满意度评估时有情绪。然而事实证明，员工都非常欢迎这些反馈。现在，来自客户的回应会立即转给与他们联络的员工。这样一来，日复一日与客户打交道的员工能够对每次交流进行反思，思考哪些地方做得好，哪些地方则不然。这也能促使他们再次联系那些没有得到理想结果的客户。

运营经理分析数据，总结出可以与团队分享的经验，并对给出低分评价的客户进行回访。如今，Gjensidige 根据财务和客户满意度得分来奖励员工。年终奖的一部分发放基于整个团队的客户满意度得分，因为让客户满意是团队合作的结果。

对客户的意义

Gjensidige 的调查问卷取得了令人惊讶的高回复率——有25% 的客户完成了问卷。这一比例表明，调查问卷的设计十分优秀，让人们觉得填写问卷是帮助 Gjensidige 实现高质量水平的有效方式。[①]

在 2011 年收到的 70 000 份答复中，只有屈指可数的客户表示担心自己的反馈会给与自己交流的工作人员带来负面影响，对于绝大多数人来说，调查问卷打开了一个价值非凡的参与渠道。客户意识到，通过帮助自己投保的保险公司，实际上也帮助了自己。

对管理层的意义

度量系统建立之后，公司收集了大量来自客户的服务体验数据。这为分析开辟了新的空间，尤其是在把这些数据与财务结果关联起来之后（图 8.3 ）。

---

① 译注：推荐 2023 年 10 月出版的《问卷调查更高效的调研设计与执行》，译者为中科院心理所的周磊。

案例：综合保险公司 Gjensidige 的度量系统（续）

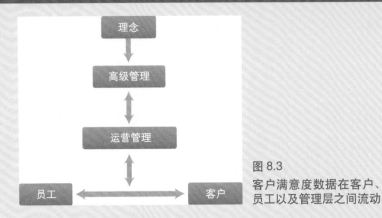

图 8.3
客户满意度数据在客户、
员工以及管理层之间流动

首先，在过去的两年里，Gjensidige 公司在各个触点上的客户满意度有了显著的提升。原先的客户满意度符合行业标准，在 70% 到 80% 之间，而现在，Gjensidige 在他们所度量的互动中客户满意度达到了 85% 以上。

触点满意度的提高也反映在公司的整体客户满意度评分中。与公司保持联系的客户给出的分数比没有保持联系的客户更高。换句话说，客户在 Gjensidige 体验越多，他们的满意度就越高。

此外，接受过更多培训的员工表现得更好，也更让客户满意，并且，公司发现客户的满意度和忠诚度之间有明显的关联。最后，管理层证实，那些将与公司的互动视为"优质建议"而非"产品推销"的客户更乐于主动联系 Gjensidige。

管理层获得了确凿的数据，能够为他们的战略——以客户为导向能带来更多利润——提供支持。这些数据也提供了财务基础，证明应该投资进行培训，扮演顾问而不是产品供应商的角色。

对于管理层来说，战略可行性的证明是个非常有价值的故事，他们可以将它分享给员工、客户和股东。

8.9 SERVQUAL 要素和 RATER 模型

20 世纪 80 年代，市场研究人员开发了一个服务质量框架名为 SERVQUAL[①]。这是一种管理服务质量且用来度量组织想要提供的服务和实际提供的服务之间的差距，以及人们对服务的期望和实际体验之间的差距。

SERVQUAL 是度量和设计服务的实用工具，它的简化版 RATER 尤其实用。RATER 从下面几个关键维度度量期望和实际体验之间的差距：

- 信赖程度：组织是否具备可靠且准确执行服务的能力
- 专业程度：员工的知识和能力水平是否足以使客户产生信赖和信心
- 有形程度：是否具备有形的设施、设备、人员和沟通材料
- 同理程度：是否理解客户并理解他们的需求
- 反应程度：是否愿意帮助客户、及时提供服务并解决问题

RATER 对服务设计师的好处是，这些维度能够轻松转换为可以在项目中使用的设计准则。

举例来说，在客服中心，同理程度可以转换为一个设计原则，即"始终确信自己理解了客户的问题"。设计方案可能包括让员工以"请让我确认一下，您的意思是不是……"这样的话语开头，确认自己的理解是否准确。另一个解决方案可能是在确认邮件模板的开头让员工用自己的话来描述客户的问题。

使用 RATER 作为基础，可以通过定义度量标准来开始设计项目。接着，可以制定设计准则和设计方案，并在最后度量设计的效果。这个过程实现了度量和设计服务的循环，但有时设计的效果会超出服务本身，影响到社会和环境。这时，就需要使用更广泛的度量框架，比如三重底线。

---

① 参见 Valarie A. Zeithaml, A. Parasuraman, and Leonard L. Berry, "SERVQUAL: A Multiple-Item Scale for Measuring Consumer Perceptions of Service Quality," Journal of Retailing 64 (1988): 12–49 或者他们的书 *Delivering Quality Service: Balancing Customer Perceptions and Expectations* (New York: Free Press, 1990)。

8.10　三重底线

三重底线（triple bottom line）是一个实用的度量框架，它既可以为设计提供方向，也可以用来评估结果。这个概念脱胎于可持续发展领域，是英国学者约翰·埃尔金顿在 20 世纪 90 年代末提出的。[①] 三重底线的基本概念是，度量一个组织不仅要看它的经济效益，还要看组织对环境和社会所造成的影响。

该模式对"公司只对其股东负责"这个传统观念提出了挑战，并指出组织需要对其利益相关者（也就是任何直接或间接受组织行为影响的人）负责。

三重底线尤其适用于与以改善社会为终极目标的公共部门组织合作时，不过在私营企业中，它的实用性也越来越强。很明显，运输、医疗和能源行业对社会和环境负有重大责任，因而在设计新的服务时，必须把这些责任纳入考量。

在实践中，三重底线很适用于确定设计项目的目标。它有助于拓宽思考范围，并且经常以具有建设性的方式挑战客户，使其反思工作中哪些更远大的抱负。

回到 Streetcar 的例子，该公司的服务主张侧重于便利和经济，但对客户而言，共享汽车的生态效益也是一个卖点。汽车共享也满足了社会对流动性的需求——帮助人们去上班、见朋友和家人、去宜家购物。您会惊讶地发现，在关于移动用户的研究中，这个目标出现的频率非常高。

在成为大众市场的价值主张后，用三重底线来度量 Streetcar 的结果，可以发现这项服务在这三个方面都取得了成果（图 8.4）。

---

① 参见 John Elkington, *Cannibals with Forks: The Triple Bottom Line of 21st Century Business* (Oxford, UK: Capstone Publishing, 1997)。

Streetcar 的投资回报率：三重底线

	经济效益	环境影响	社会效益
Streetcar	在推出后的 18 个月宣布开始盈利 英国最大的汽车共享俱乐部	每辆 Streetcar 使路上平均减少 6 辆私人汽车 用户开车的时间减少了 69%	拓宽个人的移动选择并扩大交通方式之间的连接 减少拥堵和当地污染
客户	私家车主每年平均花费 4281.72 英镑，而 Streetcar 用户每年花费 2523.20 英镑（皇家汽车俱乐部图表）	63.5% 的汽车俱乐部成员要么不再使用自家汽车，要么选择根本不购买私家车	重新培养行为习惯（无障碍移动） 支持一种新的社会状况

图 8.4
Streetcar 为公司和客户创造了价值：它有盈利能力，为客户节省了资金，减轻了交通压力，减少了空气污染，并使人们能够更轻松地结合使用汽车和公共交通工具

需要强调的是，并不总是需要纯粹用数据来说明结果。在说明对环境和社会的影响时，用文字来描述它们对人和地球的价值可能更好。当一项服务使人们的出行更加方便时，如果要用数字来说明人们所获得的价值，可能会多出许多不必要的工作，在这种情况下，文字可以有力地论证这项服务改善了人们的生活质量，特别是在讲述了真实故事的情况下。

小结

- 服务设计师和服务提供方都需要证明设计能够带来投资回报。因此，有必要在项目启动之前收集原始数据，以便将这些数据与项目启动之后得到的数据进行对比，看看哪些设计活动是有效的，哪些则不然。

- 度量指标应该与试图改善的触点体验有关，而不是独断的自上而下的指标，否则就没有比较的价值。服务蓝图可以提供一个框架，用于定义以何种方式来度量哪些触点的互动。

- 跨渠道度量整个客户旅程是至关重要的，不能孤立地度量单个触点的体验。单个触点或许能获得较高的客户满意度，但这也为到另一个触点的转换设定了期望。这些转换必须加以考虑，因为它们是服务体验的重要组成部分。

- 度量数据可以作为绩效指标分享给员工，以使客户的利益与员工保持一致，同时也可以为员工提供动力。

- 度量时，可以（也应当）考虑到经济、环境和社会影响这三重底线。

习题

1. 服务度量框架有哪些?

2. RATER 通过哪五个关键维度来度量人们在期望与服务体验之间的差距?

3. 三重底线指的是_____、_____和_____。

第 9 章

服务设计所面临的挑战

在权衡三重底线时提出的问题触及了影响着我们每个人的复杂难题。在这个全球化的世界，人们面临着许多经济、环境和社会问题，这些问题的规模和复杂程度前所未有。

技术上的转变可能会推动设计师思考服务问题，不过，经济、环境和社会上大的趋势也为设计带来了全新的挑战。变化为设计师提供了一系列新的机会，让我们能够扩展职能，走出工作室，参与到有意义的工作中。关注客户和用户体验以及解决本章中讲述的社会和环境挑战，以此来创造经济意义上成功的组织，是服务设计师未来十年需要奠定的基础。

在本章中，我们将探讨这三个具有挑战性且相互交织的领域，以及设计师如何将这些挑战转换成机会，与企业、社区和政府机构展开合作，重新为他们设计底层的"操作系统"。

9.1　经济方面的挑战：企业从产品转向服务

度量体系至关重要，因为它有助于展示服务设计对客户的留存率、忠诚度和口碑等经典服务目标有哪些影响，使企业更有信心投资于服务设计和服务创新。但同样重要的是，要利用服务设计将经济、社会和环境关联起来的作用来加强服务设计能力，以便为长期的、可持续的（各种意义上的）变革提供决策支撑。

服务设计有助于将经济的焦点从重视产品转向重视效益，因为这种转变需要两个关键对象在行为上做出改变：组织需要改变其提供服务及经济和运营的方式，转而以提供使用权和便利性为导向，而不仅仅是售卖产品；客户需要从购买所有权转向购买使用权和便利性。这意味着抛弃熟悉、信任且依赖的模式，转而接受一些新颖的、稍显陌生的事物。这是一个重大的挑战，需要愿景和动力来解决。

设计有能力提供这种愿景，并提供常规做法的替代性方案来激励变革。服务设计尤为适用，因为它把服务主张的商业思维与实际创造供人们使用的有形触点联系起来了。

瑞士喜利得集团

总部位于瑞士列支敦士登的喜利得（Hilti）是一个很好的例子，可以充分说明"以租代卖"的服务模式是可行的。[1][2] 喜利得生产电动工具，而传统上来讲，这些电动工具卖给包工头或建筑工程的项目经理，他们代表公司拥有和维护这些工具，并负责在项目中根据需要提供这些工具。对建筑公司及其员工来说，所有权、物流和设备优化等责任是一种负担。喜利得看到了为他们消除这些烦恼的机会。作为制造商，喜利得对产品了如指掌，并且拥有更大的库存灵活度，因此他们在管理工具设备方面更具优势。

喜利得设想了一种服务模式，也就是在客户指定的时间和地点为客户提供所需要的工具，工具由喜利得进行保养维护，并在出现故障时迅速更换。虽然看上去很简单，但这一模式要求喜利得开发一种全新的业务方式。他们不再把工具卖给包工头，而是把服务合同卖给财务总监，然后经营服务业务，按需向客户提供工具。这需要愿景和动力——在这个案例中，不仅需要来自喜利得自身的动力，还需要来自客户的动力。

服务设计在两个方面与此相关。首先，可以通过设计方法来创造愿景，了解客户的需求和困扰，并将其转化为看得见的机会，使其具象化，并且令人向往。其次，我们可以对这些新概念进行原型设计和试点运行，通过以真实但又不需要立即进行大规模变革的方式提供服务，证明服务对客户来说是具有吸引力的。通过精心设计的体验，我们不仅可以减轻变革的风险，还可以激发动力。

从环境的角度来看，喜利得现在可以用更少的自然资源做更多的事，因为服务模式通过延长产品的使用寿命及减少停机时间和故障，从而减少了系统中的浪费。最重要的是，喜利得不再止步于销售环节，而是着眼于整个生命周期。现在，喜利得为了在整

---

① 参见 Mark W. Johnson, Clayton M. Christensen, and Henning Kagermann, "Reinventing Your Business Model," *Harvard Business Review*, December 2008, www.hbr.org/2008/12/reinventing-your-business-model/ar/1。

② 译者注：喜利得成立于 1941 年，在全球 120 个国家和地区拥有近 3 万名员工，在欧洲、墨西哥美国、印度和中国都有工厂。年报显示，2021 年总销售额接近 60 亿瑞士法郎，同比增长 12.2%，欧洲同比增长 13.8%，美洲 10.5%，亚太 8.9%。

个生命周期中最大限度地从工具身上获取价值，对延长工具的使用寿命充满了激情。生态效益与经济效益相吻合——喜利得制造的工具少了，赚的钱多了，而喜利得的客户能更方便地获得工具的使用权而不必再购买他们不需要的所有权，从而也节省了开支。

9.2 环境方面的挑战：服务设计与自然资源

自从 1972 年罗马俱乐部出版发行《增长的极限》以来，人们愈发认识到全球自然资源的有限性和地球分解人造垃圾的能力有限。[①] 这些问题中最广为人知的是气候变化，科学界一致认为温室气体排放会导致地球气候产生重大的变化，并且会以干旱、洪水和作物歉收的形式对人类造成影响。我们对不可再生自然资源的索取超过了它们的再生速度，对它们的开采也破坏了生态系统。我们都知道砍伐森林对其他物种的影响，但在孟加拉国和巴基斯坦等地，砍伐森林甚至影响到了人类。光秃秃的土地无法再吸收降雨，导致当地低洼地带的村庄、城镇和城市遭受了极其严重的洪灾。

本书难以列出所有的环境挑战，不过，我们想要探讨一下设计（特别是服务设计）在解决这些挑战的过程中扮演着什么样的角色。

大多数生态问题的基础是工业化的运营和思维模式。工业革命和由此产生的物质财富都是由化石燃料驱动的——从煤到天然气再到石油——并且依靠现有的自然资源来供养人类的消费型社会。财富和价值的概念建立在物质基础之上，国家的财富用GDP（gross domestic product，国内生产总值）来衡量。基本上，大公司都依赖于持续销售更多的产品。以汽车行业为例，在 2011 年，全球汽车数量已经超过了10 亿辆，但汽车厂商的主要目标是卖出更多汽车。[②] 要做到这一点，他们必须开辟

---

① Donella H. Meadows, Dennis L. Meadows, Jørgen Randers, and William W. Behrens III, *The Limits to Growth* (New York: Universe Books, 1972). The Club of Rome has published a "30-Year Update" of the book; 参见 http://clubofrome.at/archive/limits.html。中译本《增长的极限》最初由人民出版社出版于 1983 年。

② 译注：2022 年 3 月，据市场数据分析机构 Hedgs&company 估算，全球的汽车约为 14.46 亿辆。据我国公安部统计，截至 2023 年 9 月底，我国汽车保有量达到 3.3 亿辆。其中，新能源车 1821 万辆，占比 5.5%。纯电动车的保有量为 1401 万辆。

新的市场，这显然是不可持续的，但基于无极限持续的增长经济模式仍然在我们这个资源有限的星球上大行其道。

这种情况下的曙光是不断增长的服务经济和消费者需求的变化趋势，也就是从单一的购买所有权转向更透彻地理解价值和使用。在加速向资源节约型经济模式转变的过程中，服务设计可以发挥重要的作用，这种模式将服务用作一种手段来实现价值与资源的剥离。作为个人，我们开始寻求最佳出行方式，而不是只想着买车；我们开始注册订阅服务，比如 Netflix，而不是成堆地囤 DVD，因为我们最多也只看两次；我们开始通过 Neighborgoods.net 这样的服务与邻居分享工具，而不是让它们闲置在工具箱里（每个电钻在其生命周期内的总使用时间平均为 12 到 13 分钟）。我们实际上需要的是体验或使用——从 A 地到 B 地、看一场电影或在墙上打个洞——而不是产品。

在这种协同消费（collaborative consumption）和再分配模式中，对个人的价值是便利性和使用权，而不会带来所有权的负担，但整体价值则体现在生态上，而且，往往也会体现在社会方面，因为这种服务可以帮助建立和谐的邻里关系。[①]

服务要想取代产品，必须是可见、实用且吸引人的，而服务设计提供了设计这种服务的方法和手段。许多解决环境问题的方案要求人们停止做某件事，却不提供替代方案，但相比让他们放弃某件事，为人们提供替代方案要容易得多。

产品并不会彻底消失——大多数服务都是结合了服务和产品元素的产品服务系统（product-service system）——但机遇在于，如何做到多快好省。把产品作为服务的一部分来提供的话，组织可以从每辆汽车、DVD 或钻头中赚到更多钱，因为这些物品为更多人提供了更高的价值。服务所附加的价值超过产品原始厂商所提供的价值。通过网络将人们联系在一起的服务能够大幅加快个人资源使用方式的转变，并且可以将转变的效果反馈给人们，激发人们在行为模式上发生进一步的转变。

---

① 更多优秀案例请见 www.collaborativeconsumption.com/the-movement/snapshot-of-examples.php，这是 *What's Mine Is Yours: The Rise of Collaborative Consumption* (New York: Harper Business, 2010) 一书的配套网站，作者是 Rachel Botsman 和 Roo Rogers。

挪威电力公司哈夫斯伦德

为了引发行为转变而更改设计的一个例子是挪威电力公司哈夫斯伦德（Hafslund）对发票进行的重新设计。哈夫斯伦德客服中心经常客诉，称自己看不懂账单。设计工作的主要目标是使账单更容易理解，这将提升客户体验和客户的忠诚度，并减轻客服中心的负担。

这也是一个利用发票来促使人们减少能耗的机会。账单上新加了一个彩色方框，其中明确指出客户使用的能源与前一年同期相比如何。通过在新版发票中加入这一特性，哈夫斯伦德向客户表明，他们所提供的服务并不只是通过墙上的插座供电，他们也并不是只在乎利润。帮助提升对环境的集体责任感也是供电服务的一部分（图 9.1）。

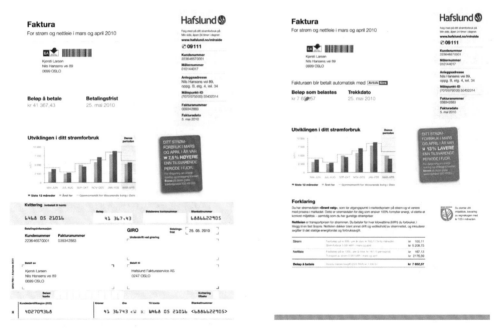

图 9.1

绿色文本框中这句话的意思是"您今年 3 月和 4 月的用电量与去年同期相比减少 13%。若想获取节能的相关建议，请拨打这个免费电话。"橙色文本框中则指出能源消耗相比与去年同期有所增加

在这个案例中，借助于三重底线思维引入了客户所需要的新特性。重新设计账单为哈夫斯伦德公司节省了资金，因为它减少了客服中心的电话数量，同时，通过为客户提供信息来帮助他们节约能源，公司也为客户提供了增值服务，为环境带来了积极的影响。未来，我们的目标是度量哈夫斯伦德的客户是否会保持忠诚以及他们是否愿意为承担保护环境的集体责任而支付更高的电价。

9.3　社会方面的挑战：改善社会的服务设计

一开始，作为服务设计师，我们就有心积极参与公共服务。最开始，我们觉得它在市场中占很大的比重，不容忽视。在对公共服务的了解越发深入后，我们开始与其他设计师和设计倡导者合作，他们也认为服务设计可以在解决公共服务所面临的关键问题上发挥重要的作用。相比掌握着主要话语权的政策制定者、社会科学家以及政府官员，服务设计师还是这个领域的"新人"。但当局者迷，旁观者清，正是因为原本不是公共服务领域的局中人，我们才能在人们想要重新审视并改革公共服务时带来新颖的、有价值的视角。

在教育、福利和医疗等公共服务领域中，工业化思维的"遗风"无处不在，这说明生产线模式蔓延到了相当大的程度。工业化思维不仅与服务的本质不相称，也被证明不足以应对目前的社会挑战。

在发达国家，人们越发深刻地认识到，公共服务和福利制度是在不同的时代服务于不同的需求，社会所面临的人口老龄化和慢性病的蔓延等重大挑战，让我们不得不重新彻底地审视这些服务。迫在眉睫的问题是，服务变得令人难以负担，而且不能满足目标服务群体的需求。在英国，公共服务创新团体 Participle（www.participle.net）认为，为了应对 21 世纪的挑战，需要重新彻底地审视福利制度。

例如，英国公共服务的两个支柱是国家国民医疗服务^①（National Health Service）和综合学校体系。两者为全民医疗保健和教育普及做出了巨大的贡献。它们解决了英国社会改革家威廉·贝弗里奇在 1942 年定义的"五宗罪"之中的两个——"疾病"和"愚昧"（其他三个分别是"贫穷"、"肮脏"和"懒惰"）。^② 如今，许多人认为这些改革所实现的各种成就是理所当然的事，就像我们认为工业产品的存在理所当然一样。然而，和洗衣机一样，它们也提升了我们的生活水平，值得我们感恩。

然而，这些年代久远的项目在运作模式上有浓郁的工业化风格，它们在以规模化生产的方式进行教育或根除疾病。医院和学校看起来就像是工厂，人们在这些机构中的体验可能是缺少人情味儿的。更关键的是，这些机构在处理其根源问题方面，可能已经达到了能力的极限。

以医疗行业为例，我们可以看到，尽管 20 世纪 40 年代许多致命的疾病已经无法再对人类造成威胁，但现在许多慢性病（比如糖尿病和高血压）对很多人造成了困扰，这些疾病严重损害了人们的健康，医疗开销非常大。花在这些慢性病上的支出已经占到美国医疗费用的 75%。^{③④} 简单地说，大型高科技医院无法破除这些困境。

---

① 译注：NHS 成立于 1948 年，遵循救济平民的选择性原则，提倡普遍性原则。凡有收入的英国公民都须参加社会保险，按统一的标准缴纳保险费，按统一的标准享受有关福利。福利系统由政府统一管理和实行。NHS 的三级医疗体系中，第一级是以社区为主的基层医疗服务，包含家庭医生、牙医、药房和眼科检查等。每个英国居民都在住家附近的全科诊所注册，看病先约全科医生。第二级和第三级以医院为主，包括急症、专科门诊及检查、手术治疗和住院护理等。1991 年，NHS 开始市场化改革。NHS 的主要经费来源于税收。2009 年，政府拨款有 900 多亿英镑。2013 年，NHS 被全球权威评级机构评为最优秀的医疗系统，1981—2008 期间，因为受益于 NHS，英国男性人均预期寿命增加了 6.9 年，女性的则增加了 5.1 年。

② 如果不熟悉威廉·贝弗里奇，请查看他的维基百科词条：http://en.wikipedia.org/wiki/William_Beveridge。

③ 参见 Centers for Disease Control and Prevention, "Chronic Disease Prevention and Health Promotion," www.cdc.gov/chronicdisease/overview/index.htm; and Chronic Disease Indicators database, http://apps.nccd.cdc.gov/cdi/。

④ 译注：据统计，美国大约有 1.3 亿人患有一种或多种慢性病。慢性病患者每年的医疗费用大约有 6 032 美元。

在教育方面，通过与年轻人和就业服务机构的合作，我们发现，尽管学校在为大多数学生提供教育，但一些年轻人却脱离了教育系统，因为他们觉得上学浪费时间。他们离开学校时前途渺茫，最糟糕的情况下甚至是无法在学业上有所成就而丧失自信。这些年轻人需要的是目前教育系统无法提供的一些东西。

在医疗和教育这两种情况下，工业化模式都占主导地位。医院里的病人要从一个地方转到另一个地方，医疗服务是流水线式的。医院的主导管理思想是提高效率和节约成本（在撰写本书时，英国尤其如此）。不管政府如何粉饰，病人的医疗都是次要的，病人接受或医务人员提供的医疗服务体验更不受重视。

教育机构也遭遇了类似的问题。公共教育的普及与工业革命发生在同一个时期，绝非偶然。许多家庭从农村地区迁往城市，在工厂里工作。在父母上班期间，孩子们需要有人照顾，也需要接受教育（尽管有些孩子最终并没有接受教育，而是直接去工厂上班）。这种普及教育的风格与孩子们在工厂里可能从事的工作是一致的，两者都要求他们坐好，安静地按要求做事，并通过死记硬背和按部就班的方式来学习如何运用工作技能来完成任务。如果对比一下教室里的一排排课桌与血汗工厂里的一排排缝纫机，您会发现它们非常相似。这并不是一种巧合。

效率和成本节约与为学生提供正面的教育体验相左。通常只有那些容易用数据度量的指标才会被拿来度量成功，而这个指标往往是适合这种评分方式的各科平均成绩。众所周知，学校的各种体验远远不是可以用分数来度量的。许多科目的主题都需要建立联系、进行讨论以及体验。学校里的考试成绩会被许多人逐渐淡忘，但共同经历或老师睿智、感人的话语会让人终生难忘。然而，由于这些体验很难用分数来评价，所以它们并没有被纳入度量标准。

高等教育中的工业化模式大体上相同。新生是原材料，必须按专业培养目标来培养。到最后毕业时，会计师、医生、律师、设计师和社会工作者获得学位和带着未偿清的学生贷款进入社会的"囚笼"生产线。[1]

---

[1] 肯·罗宾逊爵士针对这一主题发表过大量的文章和演讲（请参见 http://sirkenrobinson.com/skr/），赛斯·高汀也是（请见 www.squidoo.com/stop-stealing-dreams）。

显然，政治家和决策者在解决本章描述的巨大挑战和变化时困难重重，但必须强调的是，我们并不是说服务设计师要成为什么超级英雄来接管并解决所有问题。服务设计所发现的问题及其所提供的解决方案涉及组织、政治和文化层面的重大变革管理，我们必须与这些领域中的专业人士以及政策制定者和顾问合作，以确保变革能够顺利落地。只有各方都保持专业、谦逊的态度，这样的伙伴关系才能发挥作用。

一个很好的例子是杨氏基金会（The Young Foundation，www.youngfoundation.org），总部在英国的一家社会创新组织。该基金会的团队由研究人员、人类学家、政策专家、普通从业人员和前管理顾问组成。杨氏基金会一直用服务设计方法来设计一家新创公益企业 Care 4 Care（http://care4care.org），该企业利用时间银行原理，支持人们额外花时间来进行护理，改善老年人的生活，使其选择更长久的居家生活，不必早早地入住养老院。

基金会还与经济适用房提供商 Metropolitan（www.mtuh.co.uk）合作，帮助设计交友服务，旨在帮助孤寡老人。

英国桑德兰市政府的 Make It Work 项目

尽管服务设计的跨时间、跨触点的度量模型很简单，但事实证明，它也适用于复杂的场景。与英格兰东北部桑德兰市政府合作开展的降低失业率项目就是一个例子。桑德兰发现自己面临着一个大难题，在 37 000 名失业人口中，只有 5 000 人主动在找工作。这意味着从失业到再就业这个过程需要进行重新设计。

在公共服务设计和创新方面，成功不能用竞争优势来度量，而是要看它给社会带来的价值。度量起来很难，特别是在社区的多元化网络中。不过在桑德兰，我们能够首先对投资服务试点提出可信的商业化论证，然后度量试点的结果，论证新的服务确实有必要大规模部署。

桑德兰在英格兰重工业衰退中受到了极大的影响。煤炭开采业和造船业的衰落导致该市的失业率在英国高居不下，许多人长期无业，没有上过一天班，甚至整个家族好几代人可能都没有稳定的工作。

这就是我们 2005 年与市议会开展项目合作时的背景，该项目还得到了地区发展机构 One NE 的支持。我们的任务是重新设计长期失业人员的就业旅程，特别是失业原因比较复杂的人，比如健康状况不佳、药物成瘾或有居家照护责任。为了开发一个主要根据终端用户需求而制定的解决方案，我们尤其有必要着眼于整个过程。

1. 从实地调查开始

这项研究涉及对桑德兰特定地区少数人进行深入的实地调查。几天时间内，服务设计团队的研究人员对受访者采用了"影子跟随法"，了解他们的生活方式，重点观察他们与医疗、社会服务、就业机构和志愿团体等服务的互动。由此，我们能够了解到这些人在重返工作岗位的过程中需要具备哪些条件，并据此构建一个理想但又切合实际的服务蓝图。这个旅程建立在克服障碍的基础上，并且参考了这样的洞察：在更迫切的需求（比如健康和住房）得到解决之前，他们无暇考虑工作是不是有必要。

基于用户需求的服务蓝图成为项目中所有合作伙伴的共同结构，大家围绕着蓝图进行分工合作。健康团队能够看到自己如何通过让人们恢复健康来促进就业，而戒毒项目可以与就业资源相关联，帮助项目成员取得进展。所有服务汇总到一起，为无业人员实现自力更生提供支持。

这个服务蓝图明显改善了就业支持服务的用户体验。它还帮助管理人员将资源集中到最有效的地方。但是，我们仍然有必要说明这项活动在整体上和其中每一项具体活动中都有成本效益的考量。我们需要证明蓝图中的构想在经济上是可行的。

2. 投资理由

投资商业论证以项目第一阶段设计的蓝图为基础（图 9.2）。

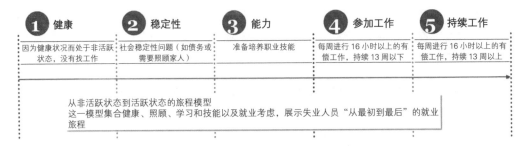

图 9.2
恢复就业的五个阶段为服务蓝图提供时间线

虽然一位失业人员所带来的社会成本无法用准确的数字来表示，但我们查到，每一年，针对每个失业人员，国家提供的福利和其他社会成本支出大约为 1 万到 4 万英镑（约合 8.7 万 ~35 万人民币）。我们已经掌握了桑德兰的失业率、在客户旅程中要提供的那些服务以及重新设计这些服务的成本。现在，我们有了一个标准，可以用来计算设计能够带来多少价值。

我们计算得到一个合理的目标，即每投资 1 英镑，就可以为公共财政节省 2 英镑（约合 17 元人民币），投资回报率高达 100%。扩大服务规模的话，会带来巨大的收益——100 个参与工作的人每年能使公共财政支出减少至少 10 万英镑（约合 874 万人民币），而桑德兰市有 3.7 万人没有工作。

市议会认为，这个还处于起步阶段的项目有很大的潜力。在研讨会上，和 200 多名市议会工作人员分享这些洞察和想法，使他们能够对自己的服务进行改善。

3. 促进就业的具体过程

蓝图在理论上可行，并且服务活动与成本效益模型相一致，但我们必须证明它在实践中也是可行的。为此，我们需要了解各个部门和组织如何进行合作，所以我们不能只设计规模较小的体验原型，而是要设计一个试点项目，在小范围内应用这些设计原理，并且尽可能让更多合作伙伴参与进来（图 9.3）。如此一来，我们就可以在测试完成后把这些服务推广到整个城市。

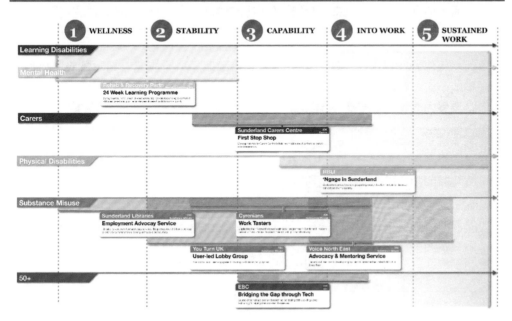

图 9.3
试点项目地图显示了如何沿着客户旅程构建一系列服务，其目的是为不同客户群体提供定制化的服务，逐步实现持续工作的目标

在试点项目中，我们请来自公共和志愿部门的一些辅助性服务部门一起对蓝图进行测试。所有各方都参考客户旅程来开展工作，齐心协力地确保各自的客户也按照蓝图中的顺序来满足需求。

在试点期间，我们认识到帮助人们参加工作是需要一定时间的。我们发现，在同样一段时间里，有些人可以找到工作，然而也有些人才刚刚开始他们的旅程，他们可能刚刚才克服了一个大的障碍，但还没有找到工作。很明显，无论是从长远来看，还是在进行试点这个较短的周期，活动都是有价值的，但我们需要向项目赞助方证明这种价值。为此，我们在服务蓝图中列出成本和效益，以探索减少流浪汉或瘾君子的话能节省多少社会成本，并将其应用于个人案例。我们也掌握了试点中各个合作伙伴的人均开销，如此一来，我们便能够计算旅程中每一步的成本效益（图9.4）。

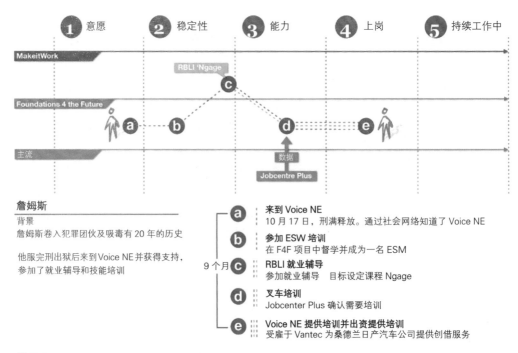

詹姆斯

背景
詹姆斯卷入犯罪团伙及吸毒有 20 年的历史

他服完刑出狱后来到 Voice NE 并获得支持，参加了就业辅导和技能培训

ⓐ 来到 Voice NE
10 月 17 日，刑满释放。通过社会网络知道了 Voice NE

ⓑ 参加 ESW 培训
在 F4F 项目中督学并成为一名 ESM

ⓒ RBLI 就业辅导
参加就业辅导 目标设定课程 Ngage

ⓓ 叉车培训
Jobcenter Plus 确认需要培训

ⓔ Voice NE 提供培训并出资提供培训
受雇于 Vantec 为桑德兰日产汽车公司提供创借服务

图 9.4
我们跟踪了个别用户在系统中的旅程，了解他们在就业道路上如何与不同的服务进行互动，其中一名用户名叫詹姆斯，他刑满释放后，成为了日产汽车公司的叉车司机

4. 社会层面和经济层面的投资回报

在 9 个月的时间里，桑德兰市各个组织通力协作，对 238 名失业人员试行了拟定的一系列服务概念。其中，19 人在试点期间到达了"稳定工作"阶段，38 个无法工

作的人具备了工作能力，前后总共有 72 人得到了工作保障。结果表明，重新设计后的服务可以为社区带来巨大的好处（图 9.5）。

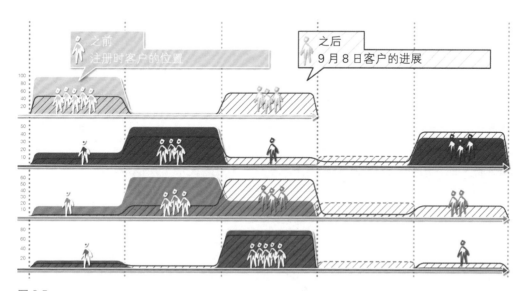

图 9.5

参加 Make It Work 试点项目的人中，有因为各种缘故而失去工作的：心理状况不佳或有药物滥用问题的、需要照顾家庭成员的或因为年龄超过 50 岁而无法进入当地劳动力市场的。本图显示了试点 9 个月内不同人群在就业方面的进展情况

5. 潜在收益

试点项目结束后，我们利用收集到的数据估算了新的服务设计的成本和成功率。为了建立潜在收益模型，我们把每个用户省下的平均社会成本分成 5 个有据可查的类别。该模型包括以下几种经济支出：

- 预期福利成本——市政府不再需要向原来这些失业人员发放福利金
- 预期财政损失 / 收益——人们就业后缴纳的税款
- 经济产出损失 / 收益——就业人员为雇主创造的价值
- 健康和社会外部因素——改善健康状况和减少社会问题所带来的价值

个人成本的影响比较难以估算，而且传统上也不在考虑范围内，我们也将它纳入到模型中。失业的个人成本可能包括成为社会边缘人和高于正常水平的死亡率，等等。

6. 旅程中每一步所节省的开支

我们很容易觉得，只有等人们稳定就业后，才会产生投资回报，但实际上并非如此。通过商业模型，我们可以证明在促进失业人员再就业的过程中每一步都能为桑德兰市政府节省开支，而不是达到人们拥有稳定工作这一最终目标后才可以。

举例来说，一个努力克服心理健康问题并开始寻找工作的人，仅仅因为他"能够"工作，就可以为社会节省 4 000 英镑（约 3.4 万人民币）。如果他还能获得稳定的工作，那么省下的支出将上升到 20 000 英镑（约 17.4 万人民币）（图 9.6）。

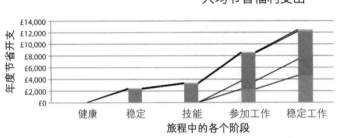

图 9.6
一个人在重新获得稳定工作的各个阶段中，持续为城市节省更多支出

通过试点项目，我们有了具体的数据，了解了在客户旅程中提供服务的成本以及不同目标群体的情况。我们还掌握了新的服务设计的成功率和预计节省开支的数据，并且能够计算出全面推行新服务设计的投资回报。

服务试点表明，社区以 18 万英镑（约 157 万人民币）的代价换来了减少支出 43.5 万英镑（约 380 万人民币）的成果（图 9.7）。根据这一具体数据，我们估算出全面启动新式服务的投资回报率约为 140%。

Mental Health

	Wellness	Stability	Capability	Into work	Sustained work	Total	Estimated costs	Cost per person
Opening	39	1	0	0	0	40	£33,750	£844
Closing	18	0	22	0	0	40	Estimated savings	Saving per person
Net change	-21	-1	22	0	0		£79,335	£1,983

Substance users

	Wellness	Stability	Capability	Into work	Sustained work	Total	Estimated costs	Cost per person
Opening	5	23	9	0	0	37	£58,750	£1,588
Closing	1	6	22	0	8	37	Estimated savings	Saving per person
Net change	-4	-17	13	0	8		£102,792	£2,778

Carers

	Wellness	Stability	Capability	Into work	Sustained work	Total	Estimated costs	Cost per person
Opening	21	65	1	0	50	137	£43,750	£319
Closing	14	55	7	3	58	137	Estimated savings	Saving per person
Net change	-7	-10	6	3	8		£193,855	£1,415

Over 50s users

	Wellness	Stability	Capability	Into work	Sustained work	Total	Estimated costs	Cost per person
Opening	4	0	20	0	0	24	£43,750	£1,823
Closing	2	2	17	0	3	24	Estimated savings	Saving per person
Net change	-2	2	-3	0	3		£58,834	£2,451

Totals

	Wellness	Stability	Capability	Into work	Sustained work	Total	Estimated costs
Opening	69	89	30	0	50	238	£180,000
Closing	35	63	68	3	69	238	Estimated savings
Net change	-34	-26	38	3	19		£434,817

图 9.7

Make It Work 试点项目节约下来的总成本

7. 利润

Make It Work 项目是一个非常复杂的案例，它涉及形形色色的利益相关者，有公共服务的背景。在这种背景下，服务的表现不能简单用利润来衡量。使用服务蓝图框架之后，我们有机会为服务导向的商业案例建模，并将其与设计过程相结合。它可以说明设计、经济和社会政策之间可能存在的共同点。

9.4 应对抗解问题

社会挑战属于抗解问题（wicked problem）。[①] 这些问题错综复杂，与其他许多问题相互纠缠，而且可能无法以我们惯常的思维方式来解决。在大多数发达国家，应对社会挑战的方法往往涉及两个层面：一个是解决既定的目标，另一个是通过有限的手段做到这一点。

在民主国家，人们的目标是让这些目标和它们应得的资源尽可能达成一致。例如，教师的目标是帮助班里的学生在一个学年内达到教学计划中规定的识字水平，她的时间和注意力有限，而班里却有 30 个孩子。班级规模是教育预算的要素之一。

将服务设计应用到社会环境中，意味着要理解这两个孪生的驱动因素，并理解所有利益相关者的需求。设计师不仅要理解服务所面临的资源限制，还需要参与以社会化产品思维（在我们的例子中指的是读写能力）来定义目标的公共政策领域。

在社会这样的场景下，服务所面临的主要挑战之一是，尽管目标是以民主的方式定义的，但还是很容易服务于所有参与服务交付和作为服务受益者的人的目标。服务设计提供了一种方法来检查两者是否匹配，并引入了新的方式：把人们联系起来，这不仅能够实现目标，也能减少对有限资源的需求。

社会公益服务的关系动态与商业服务不同。客户愿意付费的商业服务是一种相对直接的关系。举例来说，客户在打电话时，会按通话时长来支付电话费用。公司的目标是让用户花钱使用尽可能多的通话时长。

我们需要明白，在社会场景下不存在客户。学生不是客户，家长不是客户，老师也不是客户。这意味着，服务的驱动者往往是政府机构，他们制定的政策目标可能与其他相关人员的目标一致，也可能不一致。教师对教育的价值可能有不同的理解；

---

① 乔恩·科尔科（Jon Kolko）的 *Wicked Problems: Problems Worth Solving* 是为抗解问题设计解决方案的优秀参考资源。网上可以免费阅读，网址是 www.wickedproblems.com。

家长显然希望自己的孩子能够得到更好的教育；而孩子们自己也希望学校生活能够有所不同。通过服务设计的方法来理解人和关系，可以发现各个参与者的目标和动机之间的种种脱节。

对社会有益的服务除了能为个人带来价值，还能为社会健康发展带来更广泛的价值。医疗保健、教育和社会保险等服务触及国家的福祉和经济。从公共安全的角度来说，警察、监狱和假释服务在总体上也对社会有益，即使对个别人来说没有直接的好处。这种服务所包含的关系不同。即使我们是服务的直接用户，提供服务的组织也没有卖得更多这么简单的动机。事实上，他们反而经常希望我们少用这样的服务，或者用医疗术语来说，让我们从服务中"出院"。

在对个人有益的一些服务中，比如医疗服务，最好的情况其实是根本不需要用到这些服务，因为我们宁愿一开始就不生病，我们的健康也是医疗服务提供方和保险公司愿意看到的。至于监狱提供的服务，我们显然一点儿也不想使用它，而且从长远来看，很难说我们能从监狱提供的服务中获得个人利益。诚然，在理想情况下，监狱不应该只是一种惩罚，而应该使囚犯受益终生，反过来又使社会受益。虽然这种情况有时的确会发生，但非常罕见。

动机和利益何在呢？某些情况下，比如在医疗保健中，服务的成功可能会为我们带来巨大的个人利益（比如活下来的机会）。在另一些情况下，利益可能不符合我们的个人利益，但对社会有益（税收就是一个很好的例子）。在其他一些服务中，利益对服务使用者来说可能太过遥远，以至于无法当下即可领会（教育为儿童带来的好处就是一个例子）。

服务设计的机遇在于利用洞察研究来理解关系的本质，识别相关人员的动机，从而确定机会，让相关各方通过新的途径来实现其目标。服务设计工具箱中的一些方法在用于重新审视公共服务时非常有价值。这些方法有助于设计师在思考问题时摆脱工业化思维，有助于他们从容应对服务中固有的复杂性和众多利益相关者。

9.5 为更美好的世界设计服务

在英国，许多企业和组织都在努力拆解和反思这些复杂的社会问题，比如分别专注于政治和经济领域的 Demos（www.demos.co.uk）和 The New Economics Foundation（www.neweconomics.org）这样的智库。

放眼全球，服务设计方法越来越广泛地应用到维和、安全和发展等领域的组织中，比如 The Policy Lab（www.thepolicylab.org）和联合国裁军研究所（The United Nations Institute for Disarmament Research，http://unidir.org）等组织。这些组织处于发展和安全政策的最高级别，研究的是世界上那些最危险的国家中生死攸关的场景。人们认识到，过去用来处理这类工作的"最佳实践"已经力有不逮，可能需要转向"最佳过程"（设计可以为此做出贡献），以重新审视对这些国家进行的国际干预。同时，这些维和、安全和发展领域的专家告诫设计师，他们的论证必须更加严谨，因为相比普通项目其后果有着天壤之别。设计不良的网站可能只是影响到购买体验，而设计不良的发展或裁军项目却可能造成大量人员伤亡。

服务设计也应用于金字塔底层公益创业项目。[①] 金字塔底层项目针对的是处于经济金字塔底层的 50 亿人，他们每天的生活费不到 2.5 美元（约 18 元人民币），但加在一起，他们的购买力却不可限量。这些项目并不是援助项目，而是可持续的商业模式，专门针对极端低收入人群，为他们提供产品和服务来改善他们的生活。这种项目的成果从社会变革和商业成功这两方面来衡量，对可持续的长期变革而言，两方面都至关重要。

纽约的 Reboot（http://thereboot.org）这样的公司借助于服务设计方法与传统的发展方法，来重新审视政府管理和国际发展项目。服务设计可以将在地生活、需求和

---

① C. K. Prahalad, *The Fortune at the Bottom of the Pyramid: Eradicating Poverty Through Profits, rev. 5th ed.* (Upper Saddle River, NJ: Wharton School Publishing, 2010)。中译本《金字塔底层的财富》2005 年和 2010 年版书名为《穷人的商机》，均由中国人民大学出版社出版发行，2015 年由人民邮电出版社出版发行。

行为实地调研和这些业务与服务的设计、开发和实现联系在一起。服务设计为政策的实施提供一个自下而上的视角和过程，改变了自上而下远实施的传统，一些援助机构的管理人员负责向其他国家拨款几百万美元，尽管他们之前从未去过那些国家或地区。

服务设计擅长处理复杂的问题，它在理解全局的同时又将其逐一进行了分解。当然，其他许多学科在其他领域也是这么做的，但服务和服务价值的交换是我们的生活和我们所面临的社会、生态和经济方面的复杂问题的核心，我们需要运用服务思维模式来解决这些问题。更重要的是，服务设计不仅提供了不同的方式来思考这些问题，还提供了通过设计、实施和度量来解决这些问题的工具和方法。

过去的 150 年，工业化模式虽然为少数人提供了诸多好处，却引发了一系列我们现在必须面对的其他问题。显然，服务设计并不是万能的。它未来的发展离不开跨学科团队和众多利益相关者的合作，本书中的案例和前面提到的组织已经证明了这一点。对于服务设计师来说，了解企业的经济和管理问题、气候变化的复杂性和国际发展的历史固然重要，但更重要的或许是懂得与这些领域中的专家紧密合作。服务设计是对一系列方法有力的扩充，运用这些方法，我们能够设计出更美好、更包容、更温暖的未来。

致谢

感谢我们的编辑 JoAnn Simony 和出版人 Lou Rosenfeld，感谢他们在我们拟定本书的结构及成书过程中给予的耐心、支持和指导。也感谢 Rosenfeld 的制作团队为本书印刷版和电子版所做的一切工作。

感谢审阅早期手稿的 Dave Gray 和 Jess McMullin，另外，特别感谢 John Thackara，他也审阅手稿并为我们撰写了鼓舞人心的序言。

感谢 Chris Risdon、Lucy Kimbell、John Kolko 和 Christina Tran 根据其个人实践所做的贡献，也感谢丽果公司所有的员工，他们的想法、实践技巧和工作贯穿全书。有关调研建议和技巧的大部分内容来自 Rory Hamilton 和 Jaimes Nel 的经验分享。我们尤其要感谢 John Holager 和 Anders Kjeseth Valdersnes，他们对成立丽果（奥斯陆）办公室提供了很大的帮助；感谢 Tennyson Pinheiro 和 Luis Alt，他们把丽果带到了巴西。我们还感谢 Gjensidige 公司允许我们发表对其业务进行的深度案例研究，感谢佐帕的 Giles Andrews 和爱彼迎的 Joe Gebbia，他们都抽出时间和我们探讨了他们的创新商业模式。

最后，感谢所有为我们开辟道路的奠基人，服务设计之所以能够站稳根基，完全是他们的功劳。

***

感谢家人的支持，感谢我的同事、参会者、服务设计社群和推特上的粉丝帮助我完善我的想法。感谢我的学生，他们的质疑帮助我理清了自己的问题。还要感谢 Andy Cameron，他在 2012 年过早地离开了人世。他是我的导师，他的洞察和智慧极大地塑造了我对人、文化、互动媒体以及服务设计的想法。最后，感谢本和拉夫兰斯与我合作撰写本书。当然，书中如果出现任何错误或遗漏，肯定不是他们的错。

——安迪·波莱恩

首先，感谢丽果的创始人 Chris Downs，感谢他卓越的创造力、大智慧和黑色幽默。一起创办丽果的经历对我们而言是一个超越个人梦想的恩赐。

感谢 Gillian Crampton Smith，上世纪末在皇家艺术学院，她让我们首次了解到交互设计的历史和未来。然后在 21 世纪初，她通过伊夫雷亚交互设计学院的教学帮助我们发展了服务设计的理念。

感谢我的导师和朋友 Birgitta Cappelen，总是给予我们源源不断的灵感和支持。

感谢 Bill Moggridge，他在本书英文版出版前不久不幸去世。他为我们的实践和写作提供了无尽的灵感和支持。我们很想把这本书给他看看。

感谢 Colin Burns 在丽果初创期提供实践支持。

感谢所有积极参与、充满激情的甲方伙伴与合作伙伴，我们和他们一起开辟了一个新的天地。名字太多，所以这里恕不一一列出，但大家都知道可以对号入座。

最后，感谢安迪，他将写书的构想付诸实践，推动写作进程，一手包办了把所有内容整合到一起的艰巨任务。这本书是他的成果。

——拉夫兰斯·勒维利和本·瑞森

关于著译者

安迪·波莱恩从上个世纪 90 年代初开始从事交互设计，是屡获殊荣的伦敦新媒体集团 Antirom 的联合创始人。他在 Razorfish（英国）担任过创意制作人，后来又在悉尼的 Animal Logic 担任交互设计总监。安迪担任过新南威尔士大学媒体艺术学院的高级讲师和院长。他拥有悉尼科技大学的博士学位，博士论文题目是游戏和交互之间的关系。安迪住在德国，他有两个身份：瑞士卢塞恩大学艺术与设计学院的讲师，主持服务设计科研工作；活跃于专业领域的服务与交互设计独立顾问和作家。他的个人网站是 Playpen（www.polaine.com/playpen），Twitter 账号是 @apolaine。

***

拉夫兰斯·勒维利的设计顾问生涯开始于 1994 年。在伦敦成立丽果之前，他作为交互设计师活跃在挪威和丹麦。作为丽果的合伙人，拉夫兰斯在索尼爱立信、索尼、三星、英杰华/诺里奇联盟、英国广播公司（BBC）、奥斯陆大学医院、强生公司、英国设计委员会、Orange 电信和沃达丰的服务创新项目中担任首席设计师。他还是英国服务设计标准委员会成员。

拉夫兰斯先后在伊夫雷亚交互设计学院（意大利）、科隆国际设计学院（德国）、奥斯陆建筑学院（挪威）、奥斯陆大学健康与社会研究所、赫尔辛基艺术与设计大学（芬兰）、爱沙尼亚艺术学院和克兰菲尔德管理学院（英国）讲过课并举办研讨会。他还是挪威设计委员会的理事会成员。

***

本·瑞森是丽果的联合创始人。他 1994 年毕业于英国利物浦约翰摩尔斯大学，获得艺术学士学位。2000 年获得巴斯大学责任与商业实践专业硕士学位。本拥有网络化服务的设计和创新背景，在加入丽果之前，就职于网络机构 Razorfish 和 Oyster Partners。

本为一系列知名度高的项目提供战略指导和项目交付管理，其中包括 NHS、BBC、英国内政部、强生公司和伦敦交通局。2009 年，他入选 IKON 杂志 20 名最有影响力的设计师。本在伦敦大学金史密斯学院、伊夫雷亚交互设计学院和皇家艺术学院讲过服务设计课程。

***

周子衿在本科留学期间多次入选"优等生名单"，奉行深思笃行的做事原则，擅长于问题引导和拆解。美食爱好者，烘焙小能手。有多部译著，代表作有《高质量用户体验》《人工智能与用户体验》《敏捷商业分析与计划》《游戏项目管理与敏捷方法》等，翻译风格活泼而准确，有志于通过文字、技术和思维来探寻商业价值与人文精神的平衡。目前感兴趣的方向有设计思维、用户体验和商业分析。

优秀设计师典藏 · UCD 经典译丛

正在爆发的互联网革命，使得网络和计算机已经渗透到我们日常的生活和学习，或者说已经隐形到我们的周边，成为我们的默认工作和学习环境，使得全世界前所未有地整合，但同时又前所未有地个性化。以前普适性的设计方针和指南，现在很难讨好用户。

有人说，眼球经济之后，我们进入体验经济时代。作为企业，必须面对庞大而细分的用户需求，敏捷地进行用户研究，倡导并践行个性化的用户体验。我们高度赞同作者在《洞察用户体验》中的这段话：

> "随着信息革命渗透到全世界的社会，工业革命的习惯已经融化而消失了。世界不再需要批量生产、批量营销、批量分销的产品和想法，没有道理再考虑批量市场，不再需要根据对一些人的了解为所有人创建解决方案。随着经济环境变得更艰难，竞争更激烈，每个地方的公司都会意识到好的商业并非止于而是始于产品或者服务的最终用户。"

这是一个个性化的时代，也是一个体验经济的时代，当技术创新的脚步放慢，是时候增强用户体验，优化用户体验，使其成为提升生活质量、工作效率和学习效率的得力助手。为此，我们特别甄选了用户体验 / 用户研究方面的优秀图书，希望能从理论和实践方面辅助我们的设计师更上一层楼，因为，从优秀到卓越，有时只有一步之遥。这套丛书采用开放形式，主要基于常规读本和轻阅读读本，前者重在提纲挈领，帮助设计师随时回归设计之道，后者注重实践，帮助设计师通过丰富的实例进行思考和总结，不断提升和形成自己的品味，形成自己的风格。

诚邀所有有志于创新产品或服务的读者一起分享以用户为中心 (UCD) 的理念，如果您有任何想法和意见，欢迎微信扫码，添加 UX+ 小助手。

洞察用户体验（第2版）

作者： Mike Kuniavsky
译者： 刘吉昆等

这是一本专注于用户研究和用户体验的经典，同时也是一本容易上手的实战手册，它从实践者的角度着重讨论和阐述用户研究的重要性、主要的用户研究方法和工具，同时借助于鲜活的实例介绍相关应用，深度剖析了何为优秀的用户体验设计，用户体验包括哪些研究方法和工具，如何得出和分析用户体验调查结果等。

本书适合任何一个希望有所建树的设计师、产品/服务策划和高等院校设计类学生阅读和参考，更是产品经理的必备参考。

重塑用户体验：卓越设计实践指南

作者： Chauncey Wilson
译者： 刘吉昆　刘青

本书凝聚用户体验和用户研究领域资深专家的精华理论，在Autodesk用户研究高级经理Chauncey Wilson(同时兼任Bentley学院HFID研究生课程教师)的精心安排和梳理之下，以典型项目框架的方式得以全新演绎，透过"编者新语"和"编者提示"等点睛之笔，这些经典理论、方法和工具得以精炼和升华。

本书是优秀设计师回归设计之道的理想参考，诠释了优秀的用户界面设计不只是美学问题，或者使用最新技术的问题，而是以用户为中心的体验问题。

Web表单设计：点石成金的艺术

作者： Luke Wroblewski
译者： 卢颐　高韵蓓

精心设计的表单，能让用户感到心情舒畅，无障碍地地注册、付款和进行内容创建和管理，这是促成网上商业成功的秘密武器。本书通过独到、深邃的见解，丰富、真实的实例，道出了表单设计的真谛。新手设计师通过阅读本书，可广泛接触到优秀表单设计的所有构成要素。经验丰富的资深设计师，可深入了解以前没有留意的问题及解决方案，认识到各种表单在各种情况下的优势和不足。

卡片分类：可用类别设计

作者： Donna Spencer
译者： 周靖

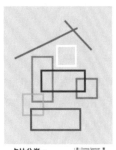

卡片分类作为用户体验/交互设计领域的有效方法，有助于设计人员理解用户是如何看待信息内容和类别的。具备这些知识之后，设计人员能够创建出更清楚的类别，采用更清楚的结构组织信息，以进一步帮助用户更好地定位信息，理解信息。在本书中，作者描述了如何规划和进行卡片分类，如何分析结果，并将所得到的结果传递给项目团队。

本书是卡片分类方法的综合性参考资源，可指导读者如何分析分类结果(真正的精髓)。本书包含丰富的实践提示和案例分析，引人入胜。书中介绍的分类方法对我们的学习、生活和工作也有很大帮助。

贴心的设计：心智模型与产品设计策略

作者：Indi Young
译者：段恺

怎样打动用户，怎样设计出迎合和帮助用户改善生活质量和提高工作效率，这一切离不开心智模型。本书结合理论和实例，介绍了在用户体验设计中如何结合心智模型为用户创造最好的体验，是设计师提升专业技能的重要著作。

专业评价：在UX(UE)圈所列的"用户体验领域十大经典"中，本书排名第9。

读者评价："UX专家必读好书。""伟大的用户体验研究方法，伟大的书。""是不可缺少的，非常好的资源。""对于任何信息架构设计者来说，本书非常好，实践性很强。"

设计反思：可持续设计策略与实践

作者：Nathan Shedroff
译者：刘新　覃京燕

本书从系统观的角度深入探讨可持续问题、框架和策略。全书共5部分19章，分别从降低、重复使用、循环利用、恢复和过程五大方面介绍可持续设计策略与实践。书中不乏令人醍醐灌顶的真知灼见和值得借鉴的真实案例，有助于读者快速了解可持续设计领域的最新方法和实践，从而赢得创新产品和服务设计的先机。

本书适合所有有志于改变世界的人阅读，设计师、工程师、决策者、管理者、学生和任何人，都可以从本书中获得灵感，创造出可持续性更强的产品和服务。

原型设计：实践者指南

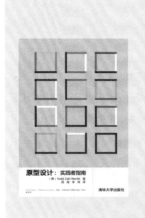

作者：Todd Zaki Warfel

译者：汤海　李鸿

推荐序作者：《游戏风暴》作者之一Dave Gray

原型设计不仅可以增强设计想法的沟通，还有助于设计师产生灵感、测试假设条件和收集用户的真实反馈意见。本书凝聚作者多年来所积累的丰富的互联网实战经验，从原型的价值、流程谈起，提到原型设计的五大类型和八大原则，接着详细介绍如何选择合适的原型工具和深度探讨各种工具的利弊，最后以原型测试收尾。此外，书中还穿插大量行之有效的技巧与提示。

通过本书的阅读，读者可轻松而高效地进行RIA、手持设备和移动设备的原型设计。本书适合原型爱好者和实践者阅读和参考。

远程用户研究：实践者指南

作者：Nate Bolt，Tony Tulathimutte

译者：刘吉昆　白俊红

本书通过实例介绍了如何借助于手机和笔记本电脑来设计和执行远程用户研究。书中主题包括如何招募、管理和执行远程用户研究；分析远程用户研究之于实验室研究的优势；理解各种远程用户研究的优势与不足；理解网络用户研究的重要原则；学会如何通过实用技术和工具来设计远程用户研究。

本书实用性强，尤其适合交互设计师和用户研究人员参考与使用，也适合所有产品和服务策划人员阅读。

好玩的设计：游戏化思维与用户体验设计

作者：John Ferrara

译者：汤海

推荐序作者：《游戏风暴》作者之一—Sunny Brown

本书作者结合自己游戏爱好者的背景，将游戏设计融入用户体验设计中，提出了在UI设计中引入游戏思维的新概念，并通过实例介绍了具体应用，本书实用性强，具有较高的参考价值，在描述游戏体验的同时，展示了如何调整这些游戏体验来影响用户的行为，如何将抽象的概念形象化，如何探索成功交互的新形式。

通过本书的阅读，读者可找到新的策略来解决实际的设计问题，可以了解软件行业中如何设计出有创造性的UI，可在游戏为王的现实世界中拥有更多竞争优势。

SSA：用户搜索心理与行为分析

作者：Louis Rosenfeld

译者：汤海　蔡复青

本书言简意赅，实用性强，全面概述搜索分析技术，详细介绍如何生成和理解搜索发分析报告，并针对网站现状给出实际可行的建议，从而帮助组织根据搜索数据分析来改进网站。

通过这些实际案例和奇闻轶事，作者将通过丰富而鲜活的例子来说明搜索分析如何帮助不同组织机构理解客户，改进服务质量。

用户体验设计：讲故事的艺术

作者： Whitney Quesenbery，Kevin Brooks

译者： 周隽

好的故事，有助于揭示用户背景，交流用户研究结果，有助于对数据分析，有助于交流设计想法，有助于促进团队协作和创新，有助于促进共享知识的成长。我们如何提升讲故事的技巧，如何将讲故事这种古老的方式应用于当下的产品和服务设计中。本书针对用户体验设计整个阶段，介绍了何时、如何使用故事来改进产品和服务。不管是用户研究人员，设计师，还是分析师和管理人员，都可以从本书中找到新鲜的想法和技术，然后将其付诸于实践。

通过独特的视角来诠释"讲故事"这一古老的叙事方式对提升产品和服务体验的重要作用。

移动互联：用户体验设计指南

作者： Rachel Hinman

译者： 熊子川　李满海

种种数据和报告表明，移动互联未来的战场就在于用户体验。移动用户体验是一个新的、激动人心的领域，是一个没有键盘和鼠标但充满硝烟的战场，但又处处是商机，只要你的应用够新，你的界面够酷，你设计的用户体验贴近人心，就能得到用户的青睐。正所谓得用户者，得天下。本书的目的是帮助读者探索这一新兴的瞬息万变的移动互联时代，让你领先掌握一些独家秘籍，占尽先机。本书主题：移动用户体验必修课，帮助读者开始充满信息地设计移动体验；对高级的移动设计主题进行深入的描述，帮助用户体验专业人员成为未来十多年的行业先驱；移动行业领军人物专访，介绍UX人员必备的工具和框架。

作者Rachel Hibman是一位对移动用户研究和体验设计具有远见的思想领袖。她结合自己数十年的从业经验，结合自己的研究成果，对移动用户体验设计进行了全面的综述，介绍了新的设计范式，有用的工具和方法，并提出实践性强的建议和提示。书中对业内顶尖的设计人员的专访，也是一个很大的亮点。

服务设计导论：洞察与实践

作者：（澳）安迪·波莱恩，（英）本·瑞森，（挪威）拉夫兰斯·勒维利

译者：周子衿

推荐序作者：John Thackara

本书可以作为服务设计的入门导引，共9章，首先"抛砖"，明确指出服务和产品的差异，从而引出服务设计的本质，阐述如何理解人以及人与人之间的关系，揭示如何将研究数据转换为洞察和行动。接下来，描述服务生态圈，探讨如何拟定服务提案和如何做服务体验原型。最后，从客观的角度阐述服务设计所面临的挑战。

书中的案例涉及以保险为代表的金融服务、医疗服务、以租车为代表的出行服务、以解决失业问题为代表的社会服务以及电力等公共基础设施服务。本书可以作为参考指南，为需要和提供服务设计的企事业单位与设计机构提供战略方向和落地方案。

同理心：沟通、协作与创造力的奥秘

作者：Indi Young

译者：陈鹄　潘玉琪　杨志昂

推荐序作者：《游戏风暴》作者之一Dave Gray

本书主要侧重于认知同理心，将帮助读者掌握如何收集、比较和协同不同的思维模式并在此基础上成功做出更好的决策，改进现有的策略，实现高效沟通与协作，进而实现卓越的创新和持续的发展。本书内容精彩，见解深刻，展示了如何培养和应用同理心。

本书适合所有人阅读，尤其适合企业家、领导者、设计师和产品经理。

触动人心的体验设计：文字的艺术

作者：Michael J. Metts，Andy Welfle

译者：黄群祥　周改丽

推荐序作者：Sara Wachter-Boettcher，奚涵菁(Betty Xi)

在体验经济时代，越来越多的公司都意识到这一点：用户期望能与桌面和网络应用轻松、流畅的交互，从而获得愉悦的使用体验。在产品和服务中，视觉设计的确能让人眼前一亮。然而，只有触动人心的文字表达，才能够真正俘获人心。如何才能通过恰到好处的文字表达来营造良好的用户体验呢？本书给出了一个很好的答案。

两位作者结合多年来通过文字推敲来参与产品和服务设计的经验，展示了文字在用户体验中的重要性，提出了设计原则，对新入门用户体验文字设计的读者具有良好的启发性和参考价值。

高质量用户体验（第2版 特别版）：恰到好处的设计与敏捷UX实践

作者：雷克斯·哈特森（Rex Hartson），

　　　帕尔达·派拉（Pardha Pyla）

译者：周子衿

荣获全美教科书和学术作者协会2020年优秀教材奖，是一本面向 UX/HCI/交互设计师的综合性权威参考。书中萃取了两位作者多年课堂教学经验，此外还包含敏捷方法与设计指导原则等，网上资源丰富，有教师手册、教学大纲、课件、案例和练习。

本书兼顾深度和广度，涵盖了用户体验过程所涉及的知识体系及其应用范围（比如过程、设计架构、术语与设计准则），通过7 部分33 章，展现了用户体验领域的全景，旨在帮助读者学会识别、理解和设计出高水平的用户体验。本书强调设计，注重实用性，以丰富的案例全面深入地介绍了UX 实践过程，因而广泛适用于UX从业人员：UX设计师、内容策略师、信息架构师、平面设计师、Web 设计师、可用性工程师、移动设备应用设计师、可用性分析师、人因工程师、认知心理学家、COSMIC 心理学家、培训师、技术作家、文档专家、营销人员和项目经理。本书以敏捷UX 生命周期过程为导向，还可以帮助非UX人员了解UX 设计，是软件工程师、程序员、系统分析师以及软件质量保证专家的理想读物。

《问卷调查：更高效的调研设计与执行》

作者： [英]卡洛琳·贾瑞特（Caroline Jarrett）

译者： 周磊

来自作者从业十几年的实际经验，描述了如何通过七个步骤来实现更有效的问卷调查，从设计、执行和报告，有针对性地从轻量级开始，然后通过迭代来精准定位样本和收集到合适的数据，从而在此基础上做出更优的决策。

《问卷调查：更高效的调研设计与执行》适合所有需要进行问卷调查的人参考和阅读，不管是面向专业人士的行业或薪资调研，还是面向消费者的市场调研或用户调研。

《人工智能与用户体验：以人为本的设计》

作者： [美] 刘嘉闻（Gavin Lew） 罗伯特·舒马赫

译者： 周子衿

结合人工智能崛起的大背景，讲述了如何从人机交互的角度来设计AI产品和服务，如何让AI真正赋能于人。只有真正对人们有用，AI才能迎来真正的春天。《人工智能与用户体验：以人为本的设计》是一本科普书，尤其适合对AI及其未来影响感兴趣的读者，包括涉及AI产品和服务的设计师和产品经理以及对AI感兴趣的未来学家和技术爱好者等。